Contenido

"El estar en el momento presente es la fuente de la felicidad...

Hay muchas cosas agradables, pero cuando no cultivamos el estar en el momento presente no nos damos cuenta de que existen. En cambio, cuando cultivamos la presencia en el momento actual valoramos enormemente todas esas cosas y aprendemos a protegerlas.

Y cuando protegemos el presente también estamos protegiendo el futuro".

THICH NHAT HANH

INTRODUCCIÓN

A lo largo de los últimos dos siglos, el abanico de las disciplinas que estudian la mente se ha diversificado en muchas escuelas, teorías y prácticas que aseguran, por supuesto, tener parte de la verdad acerca de su objeto de estudio. Las ciencias duras han criticado severamente la falta de rigor científico en los métodos de investigación o en el desarrollo mismo de las teorías psicológicas. Es cierto que la naturaleza de dichos objetos, la psiquis, la mente, el pensamiento, la conducta y las emociones difieren mucho de los objetos de estudio de la física, la biología, la química o las matemáticas, por lo que la observación y medición, la comparación y el análisis, inclusive la interpretación estadística y la proyección de resultados, necesitan herramientas y técnicas o métodos muy distintos. Sin embargo, en las últimas dos décadas hemos visto un notable adelanto en cuanto a la metodología y los recursos que se disponen, como así también a la seriedad con la que se realizan las actuales investigaciones psicológicas. Queda, sin embargo, todavía un resabio a guerra de religiones, que lamentablemente también se ve en otras ciencias, en esa competencia de escuelas donde se citan frases de los libros de los fundadores como si fueran citas bíblicas, y donde cada uno con arrogancia proclama su verdad como única e infalible.

Nos hemos dedicado a estudiar el desarrollo de la mente, el aprendizaje, la conducta, las emociones, la psicopatología y la locura. Nos interesa la investigación seria y desechamos la pura especulación académica. Nos interesa la observación, las teorías que pueden respaldarse con estudios de campo y los avances de la neurociencia, pero lo que más nos interesa, porque es a lo que nos hemos dedicado por casi 25 años, el tratamiento del dolor psíquico, el desarrollo personal y colectivo. Nos interesa también la percepción, los juicios, el amor y el odio, la cooperación, la violencia, la educación, la formación de los hijos, la relación de pareja y el sexo.

El dualismo impregna la teoría psicológica. Batallan las escuelas que afirman el predominio del inconsciente versus el condicionamiento. O los dos modelos como habla Steven Pinker, "Tabla rasa versus carga hereditaria", que traducido sería lo innato versus lo adquirido.

¿Importan los padres? ¿Heredamos nuestra conducta? ¿Aprendemos a estar mal? ¿Podemos curarnos? Necesitamos saber qué somos para resolver nuestros problemas. Llamamos *Psicología Personal* a una intervención psicológica a la medida de cada uno sin ser pasado por la plantilla de la escuela de nuestro terapeuta. ¿Entonces, tendría que haber miles o millones de escuelas y terapias? Bueno, no tanto. El problema es que la (pseudo) ciencia ha ido muy lejos en otro sentido. Se aplica una plantilla, que se supone es la correcta, a todos por igual. Muchos terapeutas deberían reconocer y explicar a sus pacientes que las teorías sobre la que sustentan su práctica muchas veces no son más que interpretaciones subjetivas de hechos, especulaciones más o menos formales y eso, querido lector, no cura, en el mejor de los casos puede que sólo ayude a algunos.

No hay una verdad sino muchas realidades psíquicas. No hay una técnica, hay muchas herramientas disponibles para cada persona. Así como dos hermanos que son educados en un mismo hogar por las mismas personas, con el mismo entorno, con una carga genética parecida construirán vidas diferentes, mucho menos uniforme será la experiencia de dos pacientes con un mismo terapeuta. Por eso primero es el paciente, luego el diagnóstico y finalmente el diseño de la terapia.

Lo que el lector encontrará en las páginas que siguen, será la descripción de algunos malestares universales del ser humano, tales como el miedo, la ansiedad y el estrés. Algunos nuevos hábitos que hoy se consideran como patógenos o generadores de nuevas disfunciones. Y, finalmente, una presentación de lo que es conocido como *mindfulness* o conciencia o atención plena, que lleva más de dos décadas de uso en terapias de los trastornos emocionales y la conducta. A ella le dedicaremos una parte importante de este libro y a la que no llamamos técnica porque más bien se trata de una forma de vivir.

1. MIEDO Y ANSIEDAD

C asi todos tenemos una idea de lo que significan el miedo y la ansiedad. Y aunque no tengamos las palabras exactas, sí sabemos de qué se trata, porque en algún momento nos hemos enfrentado con estas emociones.

La *ansiedad* es una especie de anticipación que genera malestar, incertidumbre, donde no se tiene claro ni el estado actual ni el futuro. Definitivamente está asociada a una falta de autoconfianza. No se saben las debilidades y fortalezas. Inclusive se duda del papel que uno desempeña en la comunidad y las propias habilidades.

El *miedo* es una emoción, es lo que sentimos cuando detectamos un peligro. La emoción del miedo y la anticipación angustiosa se entrelazan, se alimentan una a otra. Nos preocupa lo que no sabemos. Desconfiamos de todo. Nos preocupa no poder salir de la situación amenazante por nuestros propios medios. En resumen, ante el peligro predomina la falta de autoconfianza en nuestras habilidades. En tal situación los que podemos, desarrollamos alguna estrategia defensiva, tales como la evitación, la huida, el ataque, rituales obsesivos, elaboración racional o creatividad.

Fundamentalmente la ansiedad se asienta sobre la posibilidad de la propia debilidad. Sin embargo, ¿qué tal si pudiéramos ver en ese momento que somos más de lo que vemos? Quizás el problema estaría resuelto. Por eso necesitamos algo que nos ayude a vaciar la mente y controlar el cuerpo. Necesitamos saber lo que podemos manejar, asumir los imprevistos y el azar. Y además necesitamos desarrollar la creatividad y ser más de lo que vemos que somos.

Necesitamos aprender a trascender los límites que nuestra propia conciencia nos impone. No vemos la realidad. Este concepto, de si percibimos la realidad, si acaso podemos conocerla, ha sido estudiado largamente por la filosofía, siendo además uno de los pilares de la filosofía budista, de la que proviene el concepto de meditación "vipassana" o **"mindfulness"** como se la conoce en occidente hoy en día y sobre la que hablaremos más adelante. Pero sin entrar en términos filosóficos sólo digamos que la misma biología es la que nos pone un obstáculo en su conocimiento. Es decir, tenemos un órgano sumamente complejo y sofisticado llamado cerebro y un producto de este órgano es la mente. Mente y cerebro no son lo mismo. Pero funcionan de una manera que todavía no entendemos a la perfección. Sin embargo, la ciencia ha podido describir algunas reglas y leyes que rigen su funcionamiento y su interacción. Y decimos interacción porque, así como el cerebro determina la mente, ésta a su vez tiene capacidad de modificar el cerebro.

Ahora bien, hablando en términos evolutivos, como especie que quiere sobrevivir, necesitamos tener la capacidad de resolver problemas, tomar decisiones, enfrentar obstáculos y aprender de los errores. Sin embargo, para el humano no es tan sencillo. Hay mecanismos que se disparan en forma automática para sobrevivir, pero además por el desarrollo de nuestra corteza cerebral tenemos una cantidad de recursos intelectuales también al servicio de la resolución de problemas. Tenemos emociones que también se disparan en los momentos de peligro y lo que sucede muchas veces es que aparecen bloqueos emocionales que anulan lo intelectual.

En psicología estudiamos cómo nos afectan los hechos traumáticos. La capacidad para afrontarlos se llama *resiliencia*. Este término se tomó prestado de la ingeniería y se refiere a la magnitud que cuantifica la cantidad de energía que absorbe un material al momento de romperse por un impacto. Se lo usa en psicología para nombrar a la capacidad que tiene una persona o grupo para recuperarse frente a la adversidad desarrollando recursos que se hallaban latentes.

Pero hay otra capacidad que también debe valorarse y es el concepto de *elasticidad*. Es aquella, donde la mente puede ser tensionada o un individuo sometido a alguna presión y esta capacidad le permite recuperar su estado inicial sin romperse. Esta es una metáfora válida para la capacidad de adaptación del ser humano. El problema es que debajo de nuestros miedos más profundos muchas veces no existe una incapacidad real sino la *convicción* que uno es incapaz.

Retomando el concepto de supervivencia, nosotros ponemos en marcha, como el resto de los mamíferos y otros seres vivos, mecanismos de ataque y fuga. Una cascada de procesos fisicoquímicos, prácticamente instantáneos, se dispara desde el cerebro y nos condiciona para huir del peligro o atacar según sea la opción. Pero el ser humano está equipado además con habilidades adaptativas. Es decir que en una instancia de resolución superior no dependemos solo de atacar o huir, sino que también podemos modificar nuestra conducta ante aquellos peligros que no sean inminentes o demanden una estrategia más elaborada.

El problema aparece cuando estos mecanismos o estrategias adaptativas están bloqueadas emocionalmente y sólo podemos responder al peligro en aquella forma primitiva. Para poner un ejemplo, pensemos en alguien que tiene que volar, o navegar o participar en una reunión donde todos son desconocidos, o en el jefe que nos llama a una reunión o tal vez debemos enfrentar un procedimiento médico. Todas estas situaciones nos pueden parecer amenazantes, pero en ninguno de esos casos sería apropiado salir corriendo o atacar a los que nos rodean.

"Según afirman los biólogos evolucionistas, este tipo de reacciones automáticas ha terminado inscribiéndose en nuestro sistema nervioso porque sirvió para garantizar la vida durante un periodo largo y decisivo de la prehistoria humana y, más importante todavía, porque cumplió con la principal tarea de la evolución, perpetuar las mismas predisposiciones genéticas en la progenie." [1]

"No obstante, a pesar de todas las limitaciones impuestas por la sociedad, la razón se ve desbordada de tanto en tanto por la pasión, un imponderable de la naturaleza humana cuyo origen se asienta en la arquitectura misma de nuestra vida mental. El diseño biológico de los circuitos nerviosos emocionales básicos con el que nacemos no lleva cinco ni cincuenta, sino cincuenta mil generaciones demostrando su eficacia. Las lentas y deliberadas fuerzas evolutivas que han ido modelando nuestra vida emocional han tardado cerca de un millón de años en llevar a cabo su cometido, y de éstos, los últimos diez mil —a pesar de haber asistido a una vertiginosa explosión demográfica que ha elevado la población humana desde cinco hasta cinco mil millones de personas— han tenido una escasa repercusión en las pautas biológicas que determinan nuestra vida emocional." [2]

Sobre el sustrato de su naturaleza animal, el hombre ha ido produciendo la cultura, acumulando conocimientos y recogiendo la experiencia de sus antepasados. En especial con su capacidad de adaptación ha construido la inteligencia y gracias a esto su representación del ambiente. Finalmente ha superado las limitaciones individuales generando empresas colaborativas. Es decir, el desarrollo de una estructura social que supera gran parte de su fragilidad en la naturaleza. Si bien otras especies participan de esto mismo, en el hombre, estos comportamientos no parecen ser tan automáticos, sino que se advierte un complejo patrón de mecanismos naturales y culturales sobre los que todavía existen discusiones académicas acerca de su origen o condicionamiento.

En su libro "El mito de la educación"[3], Harris plantea algunas paradojas y desafía aseveraciones que se creían firmemente comprobadas acerca de la importancia de los padres, la educación y el medio ambiente o entorno con relación a la formación de los hijos. Por ejemplo, que la figura educadora puede ser cualquiera sin que siquiera sea un adulto. Niños desdichados no necesariamente se transforman en adultos disfuncionales, ¿Importan los padres? sí importan, pero más bien porque ellos eligen el entorno de sus hijos. Señala la insuficiencia del medio en la explicación del desarrollo de la psiquis y la conducta de los niños. El medio, en el sentido de la información codificada por los órganos sensoriales no es la única alternativa, la otra alternativa es el azar. En relación con la educación Pinker [4] se pregunta si se trata niños de diseño o educados. No tenemos su futuro en nuestras manos, pero sí su presente. Los niños no son plastilina a la que dar forma sino partícipes en una relación humana. Pensar que son tablas rasas nos hace olvidar que son personas.

Este alejamiento del determinismo biológico hace que en relación con lo que venimos estudiando, es decir el miedo y la ansiedad, deban ser tratados en un nivel que no es solamente biológico. Más claramente, para tratar con ellos, debemos aprender nuevas cosas y cambiar algunos patrones establecidos para que se ajusten a lo que es, a la realidad, y así poder adaptarnos a aquellas amenazas o adversidades que no necesariamente se resuelven huyendo o peleando. Pero hablemos un poco más de esto, hablemos del *estrés*.

2. ESTRÉS

En una situación de estrés, el cerebro envía señales químicas que activan la secreción de hormonas. La Organización Mundial de la Salud define al estrés como "el conjunto de reacciones fisiológicas que prepara al organismo para la acción". Visto así, el estrés no debiera ser un problema. Al contrario, sería una suerte de estímulo, una alerta. Pero cuando las circunstancias, sean ellas problemas económicos, el exceso o la competitividad en el trabajo, enfermedades o problemas familiares, que se perciben como amenazas, provocan reacciones defensivas que, de prolongarse en el tiempo, causan daño en el organismo.

En otras palabras, se trata de una respuesta normal del organismo ante las situaciones de peligro. El organismo se prepara para combatir o huir mediante la secreción de adrenalina, producida por las glándulas "suprarrenales" o "adrenales" (llamadas así por estar ubicadas adyacentes al extremo superior de los riñones). Esta hormona se distribuye a través de la sangre y es percibida por receptores ubicados en diferentes órganos del cuerpo.

Los síntomas de ansiedad física son pues el resultado de que el cuerpo dirige los recursos de energía a los principales grupos musculares (piernas, brazos y tórax) para proporcionarles un impulso extra que nos prepara para la acción (en última instancia ataque o fuga).

• Nuestra respiración se vuelve más rápida para llevar más oxígeno a la sangre.

• Nuestros latidos se aceleran para llevar rápidamente la sangre a los músculos.

• La sangre se desvía del cerebro (aparecen los mareos y "mariposas" en el estómago).

• La energía no se puede desperdiciar procesando alimentos a medio digerir, así que hay que deshacerse de ellos rápidamente, ya sea a través de la boca (sensación de náuseas) o en el otro extremo (querer ir al baño).

• Se cierran además otros sistemas de "pérdida de energía" innecesarios en caso de peligro, por ejemplo, la producción de saliva queda la boca seca y hay dificultad para tragar. En el pánico ocurre lo mismo, pero aquí es casi instantáneo y más intenso porque el peligro suele ser inmediato.

Estas reacciones permiten evitar el peligro. A corto plazo, no son dañinas. Pero si la situación persiste, la fatiga resultante será nociva para la salud general del individuo. Partimos de la base entonces de que, si los humanos careciéramos de los mecanismos de estrés, no podríamos sobrevivir durante mucho tiempo. La clave, luego, no es eliminar el estrés, sino gestionarlo adecuadamente y para poder hacerlo, es importante conocer su naturaleza, sus causas, sus orígenes y las consecuencias que se derivan de no lograrlo. El estrés es una fuerza que se pone en marcha ante cualquier peligro, amenaza física o situación de incertidumbre. Cuando sobrepasamos una situación que nos desafía es muy probable que luego sintamos euforia, asertividad, energía y hasta placer.

Mario A. Puig dedica un libro al estudio del estrés y en su descripción del camino que lleva de la euforia al abatimiento lo dice más o menos así: "Han pasado ya noventa minutos desde que nos transformamos en «súper hombres» y «súper mujeres» y ahora notamos que algo extraño empieza a ocurrir. Nos vamos notando cada vez más irritables y nos cuesta mucho mantener la concentración. Ya no nos acordamos de lo que habíamos leído tan solo un minuto antes. No logramos aprender y al poco rato nuestro estado físico no es de cansancio, sino de completo agotamiento...Al principio, frente al desafío estábamos bajo los efectos del estrés positivo o eustrés. Nuestra sangre tenía esa mezcla de hormonas, entre ellas la adrenalina y la noradrenalina, que mantenían nuestro interés y nuestra sensación de vitalidad y que nos invitaban a explorar. También había dopamina, la cual nos daba la capacidad de enfocarnos y de evitar distracciones, a la vez que nos proporcionaba una sensación de placer junto a ellas también nos encontraríamos con la serotonina, una hormona que afecta mucho a los estados de ánimo... han pasado 90 minutos con nuestro motor a máximo rendimiento y hemos cometido el error de no parar unos minutos a recuperarnos, a mover nuestro cuerpo, a hacer un sencillo ejercicio de relajación.... Esto ha causado la puesta en marcha de otra forma de estrés, el negativo o distrés. Nuestra sangre ha visto desaparecer la mayor parte de adrenalina, de la noradrenalina y sobre todo la dopamina y de la serotonina y se ha llenado de cortisol. Por eso nos sentimos agotados, empezamos a irritarnos y a perder la concentración y memoria. Emociones negativas como el miedo y la desesperanza sustituyen a la confianza y a la ilusión."[5]

Si el *distrés* se mantiene en el tiempo se pasa entonces a un estado de desesperanza y de depresión.

¿Qué se puede hacer para cambiar estos estados?

3. PODEMOS ARREGLARLO

Los malestares que describimos más arriba tienen que ver con el pensamiento y los disparadores orgánicos que operan sobre este y las emociones. La pregunta es si acaso hay alguna forma de modificar lo que a primera vista parece automático. La respuesta es sí. Por lo menos esta ha sido la premisa básica de todos aquellos que, ya sea desde dentro de la psicología o por fuera de ella diseñaron algún tipo de terapia para tratar los trastornos de conducta y el sufrimiento psíquico.

Para aquellos que deseen conocer más detalles sobre lo que acabamos de decir recomendamos consultar manuales de psicología general y/o comparada para dar una mirada a las diferentes escuelas y tradiciones terapéuticas.

En este libro vamos a presentar una técnica que es quizás la más antigua, pero que ha sido puesta en cartel en los últimos años. Ella viene siendo estudiada científicamente desde la década del '70, observándose además un crecimiento exponencial en cuanto a *"papers"* e investigaciones publicadas a partir del 2005

Esta práctica se la conoce hoy como *mindfulness* o meditación o práctica de la atención plena o conciencia plena.

En lo personal llevamos casi un cuarto de siglo practicando psicología clínica y previamente otros 10 años más realizando actividades de aconsejamiento en diferentes instituciones. Vimos aprendimos y practicamos muchas técnicas. Aplicamos los principios de la teoría psicoanalítica y lacaniana. Estudiamos algunas formas de cognitivismo, aprovechamos la utilidad de las psicoterapias breves, el estudio de los trastornos del narcisismo, la terapia de grupos, la teoría del aprendizaje social y tal vez alguna más. Podemos decir que todas tienen algo útil y también todas en muchos casos fracasan. Durante los últimos 10 años de nuestro trabajo en el consultorio lo hicimos con la total libertad de no sentirnos en deuda con ninguna escuela. Priorizamos el diagnóstico y personalizamos el tratamiento de cada uno de los pacientes favoreciendo el éxito terapéutico. Y si tuviéramos que resumir en una sola expresión cuál es secreto para aliviar o resolver la mayoría de los padecimientos psíquicos de los humanos diremos que se trata de *generar un cambio en la forma de pensar del paciente*.

Hay una interacción, como hemos visto más arriba, entre el pensamiento, las emociones y la actividad fisicoquímica del cerebro. Los pensamientos disparan emociones, las emociones cambian el funcionamiento del organismo, las emociones facilitan o bloquean determinados cursos o formas de pensamiento. Por lo tanto, si podemos intervenir en alguna de estas áreas seguramente podremos generar cambios en las otras.

Es un hecho que la psiquiatría y la neurología han desarrollado un arsenal de medicamentos y técnicas de intervención orgánica para resolver trastornos de conducta y padecimientos psíquicos de diversa naturaleza, pero si bien un fármaco puede calmar la ansiedad de un paciente no le provee ni ideas ni pensamientos. Tampoco la lógica del pensamiento se puede alterar quirúrgicamente. Ese desafío, el de modificar la lógica o el estilo patológico del pensamiento ha sido llevado adelante por las prácticas terapéuticas desarrolladas por la psicología.

En los últimos años incorporamos a la batería habitual de recursos terapéuticos el uso de la meditación o mindfulness con excelentes resultados. Queremos compartir con el lector esta técnica que le permite al paciente desarrollar un mejor *insight*, una mejor relación con la realidad, tanto con su entorno como con sus relaciones, y modificar su estilo de pensamiento. Un pensamiento que le permita alcanzar la felicidad aun en la ausencia de bienestar.

4. LAS INVESTIGACIONES

En el año 1979 se funda la Clínica de Reducción del Estrés y la REBAP (reducción del estrés basado en la atención plena). Esta es la primera aplicación en un contexto científico de la meditación budista con fines terapéuticos.

Modelado según el programa Mindfulness-Based Stress Reduction o REBAP creado por Jon Kabat-Zinn para ayudar a contrarrestar el estrés, el dolor crónico y otras dolencias, los cursos de mindfulness actualmente se pueden encontrar en lugares que van desde escuelas hasta cárceles y equipos deportivos. Incluso el Ejército de EE. UU. lo adoptó recientemente para "mejorar la resistencia militar".

Harvard ofrece varias clases de mindfulness y meditación, incluido un retiro de vacaciones de primavera que se celebra en marzo para los estudiantes a través del Centro para el Bienestar y la Promoción de la Salud. La Oficina de Trabajo / Vida ofrece programas a los gerentes y al personal, así como sesiones semanales de meditación en el campus, recursos de meditación guiada en línea e incluso una línea telefónica de meditación, 4-CALM (al 617.384.2256).

Parte del atractivo de Mindfulness radica en el hecho de que es secular. Los monjes budistas han utilizado ejercicios de atención plena como formas de meditación durante más de 2.600 años, viéndolos como uno de los caminos hacia la iluminación. Pero en el programa REBAP, la atención se despoja de los trasfondos religiosos.

Solo a modo de ejemplo citamos a continuación algunos de trabajos de investigación que se han venido realizando.

"La meditación tiene raíces antiguas y religiosas, pero también se ha convertido en una práctica secular, implementada para promover el bienestar y para tratar la depresión y la ansiedad. Los escépticos pueden ser cautelosos con este salto de los orígenes espirituales al tratamiento médico, pero la creciente evidencia sugiere que la meditación puede tener efectos tangibles en el cerebro. En una práctica llamada meditación de atención plena, las personas se concentran en el momento presente: en la respiración, las sensaciones físicas, los sonidos, los pensamientos y las emociones. Para los cerebros acostumbrados a planificar, predecir, contar historias, preguntarse, recordar, arrepentirse y preocuparse, obsesionarse con el presente es inusual y desafiante. Sin embargo, pasar el tiempo pensando de esta nueva manera produce cambios cuantificables en la materia blanca y gris que compone el cerebro."[6]

"La materia gris es la porción del cerebro que está formada por cuerpos de células nerviosas, mientras que la sustancia blanca está formada por largas y esbeltas extensiones de los cuerpos celulares llamadas "axones". Los cuerpos celulares de la materia gris liberan señales químicas o eléctricas en respuesta a los impulsos eléctricos del sistema nervioso, mientras que la materia blanca forma conexiones entre las células, lo que permite la comunicación entre las diferentes regiones del cerebro. Esta comunicación entre la materia gris y blanca en el cerebro es lo que constituye el pensamiento. Los cambios en la materia gris y blanca se pueden medir con diferentes tipos de imágenes de resonancia magnética (RM/o MRI) ..., que detecta las diferencias en el flujo sanguíneo a las regiones cerebrales al estimular los cambios en los campos magnéticos de los átomos de hierro en la sangre".[7]

Conectividad funcional.

Las imágenes de resonancia magnética (IRMc) detectan las correlaciones en los cambios del flujo sanguíneo a través del cerebro y reflejan la conectividad de la materia blanca entre las diferentes regiones. También se han usado para examinar el impacto de la meditación de atención plena. Usando resonancia magnética funcional (RMFc), los meditadores experimentados en un estudio mostraron una mayor conectividad en comparación con los no meditadores [8]. Además, otro estudio que utilizó un tipo de RM conocido como imágenes de tensor de difusión, que detecta fibras de materia blanca directamente ..., reveló que los meditadores tienen una mayor densidad de axones, una mayor integridad de las vainas proteicas que rodean a los axones y una mayor eficiencia de transmisión de señal a través de los axones [9]. Los investigadores todavía están tratando de descubrir la relación entre el aumento de la conectividad con algunos de los beneficios de la meditación.

Se preguntaron si esta mayor conectividad en los meditadores se traduce en una mejor comunicación entre las diferentes regiones del cerebro y una mayor eficiencia para cambiar la atención de una sensación o pensamiento al siguiente. Investigaron esto midiendo los ritmos alfa, las señales eléctricas u "ondas cerebrales" que transmiten información sensorial y motora.

Descubrieron que cuando se les pedía que cambiaran su foco de atención, los meditadores exhiben ritmos alfa con mayor amplitud que los no meditadores, según lo medido por otra técnica de resonancia magnética llamada magneto encefalografía. Se cree que esta amplitud incrementada indica una transmisión mejorada de señales en todo el cerebro. Los investigadores plantean la hipótesis de que esta transmisión mejorada puede ser responsable de las reducciones del dolor y los pensamientos negativos informados por los meditadores conscientes, ya que pueden ser mejores para cambiar el enfoque de las sensaciones o pensamientos negativos a estímulos positivos o neutros [10]. Si es así, esto explicaría por qué dirigir el foco de atención en la meditación y una mejor conectividad conduce a algunos de los beneficios mentales observados. [11]

El potencial de la meditación consciente y las prácticas relacionadas para cambiar el cerebro de las personas es un área prometedora de investigación en curso. La replicación de estos estudios de imágenes cerebrales en grupos más grandes de personas será una confirmación importante de los resultados [12]. Además, la investigación básica sobre la función de las diferentes regiones cerebrales y la importancia de los cambios en la densidad de materia cerebral y la conectividad aclararán cómo estos cambios en el cerebro afectan el estado de ánimo, el comportamiento y el cuerpo de las personas. Por ejemplo, los efectos de la meditación pueden ir más allá del cerebro. Investigaciones anteriores, descritas en "Calmar sus nervios y su corazón a través de la meditación"[13] respaldan una reducción de las enfermedades cardíacas entre las personas que practican la meditación trascendental, otra forma de meditación que implica el uso de mantras. Otra investigación actual estudia si la meditación de atención plena puede mejorar el aprendizaje [14] y estimular el sistema inmunitario [15]. Tales beneficios pueden parecer de gran alcance para un simple ejercicio de pensamiento. Sin embargo, estos estudios indican que la meditación puede ser como el ejercicio cerebral real, estimulando los cambios físicos a las fibras nerviosas y teniendo ramificaciones generalizadas para el cuerpo.

Estudios sobre la Depresión.

En 2015, 16.1 millones de estadounidenses informaron haber experimentado depresión mayor durante el año anterior. Hay muchos tratamientos disponibles, psicoterapia y medicamentos antidepresivos, pero no funcionan para todos los pacientes.

Como dijimos más arriba en las últimas décadas se disparó el interés del público en la meditación y tal vez la alimentada por la creciente aceptación popular, también creció el interés científico. El número de ensayos controlados aleatorios sobre la atención plena ha pasado de uno en el período de 1995-1997 a 11 de 2004-2006, y a la sorprendente cifra de 216 de 2013-2015, según un artículo reciente que resume hallazgos sobre el tema.

Los estudios demostraron beneficios en una variedad de afecciones, tanto físicas como mentales, que incluyen el síndrome del colon irritable, la fibromialgia, la psoriasis, la ansiedad, la depresión y el trastorno de estrés postraumático. Pero algunos de esos hallazgos han sido cuestionados por estar basados en pequeñas muestras o diseños experimentales problemáticos. Sin embargo, hay algunas áreas clave, que incluyen la depresión, el dolor crónico y la ansiedad, en las que estudios bien diseñados y bien realizados han mostrado beneficios para los pacientes que participan en un programa de meditación de atención plena, con efectos similares a otros tratamientos existentes.

La investigación de Gaelle Desbordes del Harvard Medical School (HMS) utiliza imágenes de resonancia magnética funcional (FMRI), que no solo toma imágenes del cerebro, sino que también registra la actividad cerebral que se produce durante la exploración. En 2012, demostró que los cambios en la actividad cerebral de los sujetos que han aprendido a meditar se mantienen estables incluso cuando no están meditando. Desbordes realizó escaneos antes y después de los sujetos que aprendieron a meditar en el transcurso de dos meses. Los escaneó no solo mientras meditaban, sino también mientras realizaban tareas cotidianas. Se detectaron cambios en los patrones de activación cerebral de los sujetos desde el principio hasta el final del estudio. Fue la primera vez que se había detectado un cambio de ese tipo, en una parte del cerebro llamada amígdala.

Actualmente estudia los efectos de la meditación en el cerebro de pacientes clínicamente deprimidos, un grupo para el que los estudios han demostrado que la meditación es efectiva.

Trabajando con pacientes seleccionados por Benjamin Shapero, psiquiatra del HMS y psicólogo del Massachusetts General Hospital (MGH) , Desbordes realiza escaneos de resonancia magnética funcional antes y después de un curso de ocho semanas de terapia cognitiva basada en la atención plena o MBCT o REBAP en español.

Otros investigadores de MGH también están estudiando los efectos de la meditación en el cuerpo, incluida Sara Lazar, quien en 2012 usó RMF para mostrar que los cerebros de los sujetos se "engrosaron" después de un curso de meditación de ocho semanas. El trabajo está en curso en el Instituto Benson-Henry de MGH; en HMS y en el Osher Center for Integrative Medicine del

HMS y Brigham and Women's Hospital; en Cambridge Health Alliance, afiliado a Harvard, donde Zev Schuman-Olivier dirige el Centro para la Atención y la Compasión; y entre un grupo de casi una docena de investigadores en Harvard y otras instituciones del noreste, incluidos Desbordes y Lazar, que colaboran a través de Mindfulness Research Collaborative....La exploración científica reciente se ha centrado principalmente en la práctica secular de la meditación consciente, pero la meditación también es un componente de varias tradiciones religiosas antiguas, con variaciones. Incluso dentro de la comunidad que practica la meditación consciente secular, hay variaciones que pueden ser científicamente significativas, como la frecuencia con que se medita y el tiempo de las sesiones. La propia Desbordes está interesada en una variación llamada meditación compasiva, cuyo objetivo es aumentar el cuidado de quienes nos rodean.[16]

Esto es una pequeña muestra de los trabajos de investigación sobre las modificaciones y/o efectos que la meditación produce en el organismo y fundamentalmente en el sistema nervioso. Sin embargo...

No todos piensan lo mismo

Lamentablemente, algunos estudios ya han quedado desactualizados, y muchos otros han sido sobre simplificados, es decir que con el propósito de difundir y enseñar se han utilizado metáforas que se terminaron adoptando como verdades literales como la regionalización del cerebro y la calificación de ciertas partes del cerebro como "buenas o malas" o que habría que desarrollar algunas para contrarrestar otras y obtener así alguna mejoría.

Por ejemplo, localizar todas las emociones en la amígdala desmiente lo que sabemos sobre la poderosa interconexión del cerebro. Las imágenes de las conexiones anatómicas de la amígdala con otras partes del cerebro, incluso desde hace 25 años, muestran un nivel increíblemente denso de interconectividad con casi todas las partes de la corteza. Enormes cantidades del cerebro están involucradas incluso en las tareas más simples.

La vista modular del cerebro -con una función específica alojada por separado dentro de una porción particular de la corteza cerebral- es como un remanente de la frenología, cuando la gente pensaba que las funciones cerebrales estaban atadas a protuberancias en el cráneo; una frente desigual significaba que alguien era más inteligente.

Todas estas partes diferentes hablan entre sí y deben actuar juntas para que logremos algo que estamos tratando de hacer. No se puede pensar en las partes de forma aislada; siempre se debe pensar en cómo funcionan junto con otras partes y con el todo. Es como si uno decide pensar qué parte del cuerpo utilizo para correr. Uno dice las piernas y los pies. Pero también uso los brazos para el balanceo, y la energía proviene de la sangre, y están los pulmones que oxigenan la sangre, y el oído que brinda el equilibrio y finalmente uno se da cuenta que todo el cuerpo trabaja en una tarea.

Muchos estudios han encontrado que el cerebro se organiza en redes funcionales que varían en su actividad y en sus interacciones a lo largo del tiempo. Por ejemplo, tenemos la red ejecutiva central, que tiene que ver con la capacidad de aprovechar nuestros recursos para controlar lo que procesamos de manera más completa.

La investigación apenas ha comenzado, y las herramientas que se tienen, aunque avanzadas en comparación con décadas atrás, siguen siendo demasiado primitivas como para servir como estándares de medición definitivos para la valoración de logros en la mente. Además, no hay ninguna forma de postular un "cerebro consciente". No hay firmas cerebrales para algo llamado "atención plena". Hay demasiados procesos en juego para tener una etiqueta simplista. El objetivo no es ver qué aspecto tiene un cerebro consciente, sino determinar cómo el procesamiento de la información (por ejemplo, en sistemas como la atención) puede modificarse y quizás mejorarse mediante el entrenamiento en ejercicios de atención plena durante días, semanas o años.

Esa es la ley fundamental de la *"neuroplasticidad"*: la actividad repetida facilita que la misma actividad vuelva a suceder. Se podría decir que el cerebro solo funciona cambiando.

Una metáfora que prevalece más entre los neurocientíficos hoy en día es la visión de red del cerebro, en palabras de Amishi Jha: "conjuntos dinámicos interconectados de sistemas (subsistemas y nodos neuronales) que trabajan juntos para llevar a cabo ciertos tipos de actividad". Las redes consisten en relaciones entre un conjunto de regiones cerebrales formadas a través de la comunicación repetida entre las partes mientras navegamos por la vida.

5. ¿QUÉ ES MEDITAR?

En los últimos años ha habido una gran difusión de la meditación y mindfulness. Es común encontrar gente que cree saber de qué se trata. Hay mucha información online, podcasts y ofertas por los medios y revistas acerca de programas, cursos y eventos. Pero a pesar de todo, es probable que la mayoría no tenga un panorama completo de lo que es la meditación o lo que puede hacer por nosotros. También hay que reconocer que, al haber entrado la meditación en el camino ancho de la popularidad, aparece el fenómeno del negocio. Tal como ha ocurrido con el Yoga donde por ejemplo en el estado de California se mueven unos 20 mil millones de dólares al año en todo lo relacionado a su práctica (insumos, accesorios, institutos, eventos) y donde mucho de lo que se hace está muy lejos de los ideales de sus creadores "yoguis". Es necesario hacer todo lo posible para que el que se acerque a la meditación lo pueda hacer correctamente, aproveche sus enormes beneficios y no sea víctima de la moda y el marketing.

Digamos en primer lugar que meditar significa contemplar de un modo amable y bondadoso nuestra vida y descubrir la manera de despertar y liberarnos. Sobre estas dos ideas, despertar y liberarnos volveremos más adelante.

Meditar es más que relajarse, es una forma de observar sin filtros los pensamientos, las emociones y las sensaciones del cuerpo.

Nos enseña a centrarnos y a prestar atención a nuestras experiencias y reacciones en el momento en que surgen, así como a observarlas sin juzgar.

La práctica de la meditación nos lleva al desarrollo de la atención plena, esta atención plena o mindfulness nos sirve para todo. Para el trabajo, nuestras relaciones, nuestra salud, nuestro descanso, nuestra vida interior.

Echemos una mirada a la vida que llevaban nuestros antepasados solo 100 años atrás. ¿En qué ponían su atención?, ¿Qué sonidos había en el ambiente?, ¿cuántas personas se comunicaban con ellos en el día?, ¿qué mensajes recibían? Si no era por telégrafo o tren, un mensaje o una carta podía tardar semanas en llegar. ¿Y cuántos distractores había en su ambiente cuando trabajaban, estudiaban o descansaban? Si lo comparamos con la vida que llevábamos hace unos 20 años ya se ve una enorme diferencia. ¿Pero qué pasó en los últimos 20 años y que pasó en los últimos 10? Hoy lo traumatólogos describen patologías de la columna cervical asociadas al uso celular y existe una accidentología propia causada por el uso y la distracción promovida por los dispositivos móviles.

Es muy difícil concentrarse y mantener la atención en una sola cosa. Hacemos dos o tres tareas al mismo tiempo. Mientras desayunamos arreglamos la rutina del día de nuestros hijos, a la vez que mantenemos una conversación, sea o no de trabajo por chat y nos ponemos al día con las noticias viendo televisión. Todo al mismo tiempo.

Sin embargo, el ruido mental, la no conciencia, es un problema propio de la era de las redes sociales. Es cierto que, también y usando las palabras de Alan Wallace, hay que controlar la hiperactividad y el síndrome de déficit de atención en nuestras actividades. Pero eso no es todo el problema.

Nuestra mente se caracteriza por una producción enorme de pensamientos. Pensamientos de toda índole: fantasías, prejuicios, recuerdos del pasado, proyectos, deseos, preocupaciones sobre el futuro, todos ellos liberados en forma automática. Los antiguos budistas lo llaman la mente de mono, inquieta e indomable.

Así las cosas, podemos decir que los pensamientos y la conciencia no son lo mismo. La meditación resulta entonces una práctica para calmar la mente y desarrollar la conciencia plena.

Bhante H. Gunaratana, en su excelente obra El libro del Mindfulness, hace una lista de lo que es y lo que no es la meditación para desterrar algunos mitos en torno a ella. Veamos algunos. La meditación no es sólo una técnica de relajación. Dice él: "el error está en decir: no es más que. En la meditación vipassana, si uno lo hace de modo intenso, alcanza una relajación profunda. Pero esa no es la meta, el objetivo es la conciencia. La concentración y la relajación son correlatos necesarios de la conciencia". Más adelante aclara que la meditación no es una forma de trance, tampoco es una práctica misteriosa que no puede ser entendida y tampoco es su objetivo provocar experiencias paranormales. No es sentarse a pensar cosas sublimes, ni tampoco los problemas desaparecerán en un par de semanas.[17]

¿Y qué es meditar? El mismo H. Gunaratana después de mencionar la existencia de diferentes técnicas o modalidades de meditación, como la meditación yogui, la del budismo Zen, o del budismo tibetano, entre otras, se detiene, y nosotros haremos lo mismo en un tipo de meditación llamado "Vipassana".

"Vipassana es la más antigua de todas las prácticas meditativas budistas. Se trata de un método que deriva directamente del *Satipatthana Sutta*, un discurso atribuido al mismo Budha. Vipassana consiste en el cultivo directo y gradual de la atención plena o de la conciencia pura y procede gradualmente a lo largo de los años. En tal caso, la atención del meditador se ocupa de examinar cuidadosamente los diferentes aspectos de su propia existencia y se entrena en la toma de conciencia de su experiencia vital... Es una escucha atenta, una mirada atenta y una observación atenta que nos enseña a oler y tocar plenamente y a prestar una atención verdadera a los cambios que se producen en todas nuestras experiencias. De este modo, aprendemos a escuchar nuestros pensamientos sin quedarnos atrapados en ellos."[18]

6. ¿PARA QUÉ SIRVE LA MEDITACIÓN?

Atención

En casi todas las modalidades los métodos de meditación implican la reeducación de la atención. Fue durante la segunda guerra mundial que la atención se convirtió en materia de estudio de los psicólogos. Los operadores de radar debían pasar muchas horas atentos y conforme llegaban al final de su turno de vigilancia, la fatiga disminuía su atención.

En general, percibimos algo inusual el tiempo suficiente para asegurarnos que no representa una amenaza o para clasificarlo. Pero simplemente, como un ahorro de energía, lo que nos parece familiar pierde nuestra atención. Según los descubrimientos que se han ido haciendo desde entonces, la atención puede compararse a un músculo que se puede desarrollar ejercitándose pero que también se puede debilitar.

La atención es fundamental para muchas de las operaciones mentales como el aprendizaje, la comprensión, la memoria, la introspección emocional y sensorial y la captación de las emociones de los que nos rodean; y dentro de sus ingredientes fundamentales está la alerta vigilante, la concentración selectiva, la conciencia abierta y el control ejecutivo que dirige la atención hacia nuestro interior.[19]

En relación con las distracciones estas pueden separarse en dos grandes grupos: sensoriales y emocionales. Siendo las últimas más problemáticas. Pero en los últimos años la transformación de la vida cotidiana por la era digital ha aumentado exponencialmente la cantidad de distractores (email, posteo, mensajes de texto, llamadas telefónicas, Facebook, Instagram, Twitter) y ha hecho que algunos piensen casi vanagloriándose, que son personas con capacidad de multitarea. Pero tal como se ha podido demostrar, el cerebro no realiza tareas cognitivas múltiples, sino que pasa rápidamente de una actividad a otra.[20]

Por ejemplo, un conductor que maneja su vehículo en el momento en que atiende su teléfono para ver un mensaje deja de prestar atención a la conducción. Ha quedado ciego a su vehículo y atento a la pantalla. Ambas actividades no se realizan en paralelo sino alternativamente y en el retorno a la actividad anterior lo hace con un menor grado de concentración. Los hábiles en multitareas son más distraídos.

Dicen Goleman y Davidson: "La meditación reeduca la atención. Diferentes tipos de práctica estimulan diversos aspectos de la atención. REBAP fortalece la atención selectiva. Más aún, la práctica vipassana de largo plazo. Cinco meses después del retiro *shamatha* de tres meses los meditadores mostraban mayor vigilancia, la habilidad de sostener su atención. El parpadeo atencional disminuía mucho después de tres meses de retiro vipassana, si bien esta disminución comenzaba a manifestarse después de 17 minutos de atención plena, lo que sin duda es un estado transitorio para principiantes y un rasgo más duradero para personas que participan en retiros. El concepto de que la práctica es el camino hacia la perfección se aplica a otras meditaciones breves: 10 minutos de atención plena redujeron del daño de concentración que provoca la multitarea. Al menos en el corto plazo. Solo 8 minutos de atención plena disminuyeron la dispersión de la mente durante un rato. Alrededor de 10 horas de atención plena practicadas en un periodo de 2 semanas reforzaron la atención y la memoria operativa y contribuyeron a lograr calificaciones mucho mejores en el examen de ingreso a una escuela de posgrado. Si bien la meditación estimula diversos aspectos de la atención lo logros son de corto plazo: beneficios más duraderos requieren sin duda de una práctica continua." [21]

Juicios y Prejuicios

Darwin decía que la especie que sobrevive no es la más fuerte ni la más inteligente sino la que responde mejor al cambio. Nuestra especie ha sido bastante exitosa hasta ahora, pero a pesar de haber sobrevivido, lo hemos hecho a costa de un gran sufrimiento y mucho de ese sufrimiento proviene de nuestra dificultad para cambiar. Nos resulta muy difícil adaptarnos a nuevas circunstancias. Nos cuesta mantener la mente abierta. Además del engaño de nuestros sentidos, las percepciones que tenemos no siempre son fieles a la realidad. Hay una infinidad de ejemplos, espejismos visuales, distorsiones sensoriales, e ilusiones que el lector habrá visto en programas televisivos de curiosidades. Pero además muchas veces percibimos sólo lo que queremos percibir, o lo que nos han programado para percibir.

Sigmund Freud, el primero que teorizó las leyes del inconsciente nos abrió el panorama de todas aquellas cosas que subyacen bajo lo consciente y que determinan psíquicamente nuestra vida cotidiana. Así también hemos desarrollado una cantidad de prejuicios culturales, raciales, sociales, de género, religiosos y hasta científicos.

Quiere decir que, si percibimos sólo una parte de la realidad, o nuestra percepción está distorsionada, entonces estamos ciegos a la otra parte de la realidad y por lo tanto ciegos a oportunidades que desconocemos pero que la vida nos ofrece.

Decíamos que el término utilizado para meditar es Vipassana. Pero aquella meditación de la visión profunda se la denomina vipassana *"bhavana"*, un término pali que significa cultivar. Uniendo ambos términos significa ver algo con claridad y precisión hasta llegar a percibir la realidad fundamental de lo que estamos viendo.

Vipassana bhavana es cultivar la mente en una forma especial de ver la vida: que es contemplar la vida sin el filtro de pensamientos y conceptos que engañosamente tomamos por realidad.

"Cada día nos enfrentamos a cosas impredecibles. Vivimos en un mundo condicionado y transitorio en el que las cosas ocurren debido a multitud de causas y circunstancias. La atención plena es, en ese sentido, una especie de botiquín de urgencia al que, en cualquier momento, podemos recurrir. Si investigamos conscientemente una situación en la que nos sentimos indignados podremos descubrir, en nuestra mente, verdades amargas sobre nosotros mismos. Entonces nos daremos cuenta, por ejemplo, de que somos egoístas, de que somos egocéntricos, de que estamos encadenados a nuestro cuerpo, de que nos aferramos a nuestras opiniones, de que creemos estar en lo cierto y que el resto del mundo está equivocado, de que tenemos prejuicios, que nuestra visión del mundo está sesgada y de que, en el fondo de todo ello, realmente no nos queremos a nosotros mismos. Pero este descubrimiento, por más amargo que inicialmente parezca, es una experiencia muy valiosa que, a largo plazo, acaba liberándonos del sufrimiento psicológico y espiritual profundamente arraigado".[22]

Otra forma en que los prejuicios limitan nuestra vida son las presunciones comunes con las que probablemente hemos convivido toda la vida. Hay frases que suenan en nuestra mente en forma automática como "no soy capaz de hacerlo" ,"yo soy así", "ya sé lo que me va a decir", "nunca fui bueno para esto", "con una persona así no se puede razonar", "esto no es para mí", "ya lo arruiné, mejor me voy", "no te van a escuchar", "seguro que lo puedo controlar", "a mí no me va afectar", "soy bueno para nada", y cuantas otras que podemos agregar.

También podemos incluir lo que los psicólogos llaman "*yo*", que es, básicamente y dependiendo de los matices que varían de una teoría psicológica a otra, más o menos un precipitado de creencias construidas históricamente y que nos define. Nos da identidad. Es lo que nos presenta o representa ante el mundo y por supuesto nos define para con nosotros mismos. Esa construcción no es la realidad, no es lo que somos, sino lo que otros han visto o creen ver en nosotros y lo que nosotros vemos o creemos de nosotros mismos. Pero en el fondo no son más que fantasías, ilusiones, creencias inconscientes.

Cuando hablamos de estas creencias hablamos de algo muy enraizado en nuestra vida. Son convicciones sobre lo que somos y nos parece imposible que podamos cambiar. Nos olvidamos de que para autodefinirnos y crear eso que en psicología se llama "*personalidad*" hemos tomado inconscientemente información de todas partes, empezando por nuestros padres, nuestras familias, el colegio, nuestros amiguitos de la infancia y la calle. Cada vez que decimos "soy así", deberíamos más bien pensar "he creado una imagen de mí mismo que se parece a esto". Por lo tanto, esa imagen se puede cambiar, se puede rehacer. Por lo tanto, las limitaciones que nuestro autorretrato nos impuso pueden desaparecer.

El *insight*, la nueva visión interior que nos proporciona el mindfulness nos permite ese cambio, es un camino hacia la libertad.

Nuestro lugar en el mundo.

Cuando uno decide comenzar la práctica del mindfulness o meditar, no necesita hacerse budista. Es cierto que el budismo busca la iluminación. Esta iluminación se relaciona con lo que ellos llaman "el despertar" y el despertar con la liberación.

El budista despierta a lo que se llama Dharma, otra palabra sánscrita que significa verdades universales, o leyes del universo. Esa sabiduría se descubre a través de la meditación. Una de esas leyes que como seres humanos nos es difícil advertir, es la de la *impermanencia* de las cosas. A pesar de que todo está cambiando continuamente vivimos como si todo fuese permanente. Nuestro cuerpo se transforma segundo a segundo. Las células cambian, nacen y mueren. Los objetos a nuestro alrededor envejecen se deterioran o se transforman. Nada es igual al siguiente instante. Viajamos con nuestro planeta por el espacio a velocidades enormes junto con planetas y estrellas. Nuestro planeta gira, nunca estamos en el mismo lugar. Los átomos giran, se combinan. Pero como nuestros sentidos no pueden percibir esos cambios en el corto o largo plazo en que ocurren pensamos que todo está inmóvil, es permanente y sólido.

Si pudiéramos aceptar la *impermanencia* de las cosas y por supuesto la nuestra también, aprenderíamos que todos fluye y debe fluir y no nos apegaríamos a las cosas porque sabemos que todo pasa, cambia y se transforma. He aquí según los budistas una de las causas del sufrimiento: el apego a las cosas.

Como se puede ver no hay nada religioso en este pensamiento, tan solo una visión para nada ingenua del universo. Una mirada que se puede ejercitar con la meditación y que nos ayuda a tratar con el dolor y el sufrimiento. Una mirada que nos coloca no como centro sino como parte de un universo que deviene.

"Todos nacemos con la capacidad de ver el mundo claramente, sin juicios y de asombrarnos ante su belleza y sus maravillas. Sin embargo, después de años de estar rodeados por el ego, la avaricia, el miedo y el egoísmo, nuestra visión se nubla impidiéndonos ver que todos somos iguales pese a nuestras diferencias"[23].

7. ¿CÓMO MEDITAR?

Conciencia o atención plena es estar presente en el momento. Es saber lo que uno está haciendo. Lo opuesto es hacer algo y pensar en otra cosa. Lo opuesto a la atención plena es la distracción.

La meditación es un ejercicio que se realiza para obtener esa atención plena. Algunos piensan que uno debe aislarse, recluirse en algún lugar silencioso y entrar en alguna especie de trance. Nada de eso. Uno puede comer y saber que está comiendo, caminar y saber que está caminando, uno puede oír un sonido en el entorno y utilizar ese sonido como objeto de atención plena.

Quiere decir que uno no sólo es plenamente consciente de algo únicamente durante el tiempo que dedica a la meditación, sino que puede llegar a tener atención plena todo el día.

Ahora bien, si uno observa cómo vivimos y actuamos cotidianamente no siempre estamos conscientes de lo que hacemos. Por eso existen ejercicios básicos para entrenar la mente para no distraerse. Y una de las distracciones más difíciles de vencer es la que provoca nuestro propio pensamiento. La divagación de nuestra mente. Esa producción constante de ideas, recuerdos, asociaciones se debe a la permanente actividad de nuestro cerebro. Repetimos viejas ideas, arrepentimientos, quejas, frases propias y de otros o bien fantaseamos o imaginamos posibilidades buenas y malas. Quizás una canción que se nos "pega" o revivimos la última discusión con un ser querido o un compañero de trabajo. Gastamos una enorme cantidad de energía, (nuestro cerebro consume entre el 20 y el 30 % de toda la energía que utilizamos diariamente) entre distracciones internas y externas. Y al cansancio que toda esa confusión y agotadora tarea nos produce, podemos agregarle un sentimiento de división o fragmentación cuando nos damos cuenta de que estamos en un lugar y pensamos en otra cosa; o que somos o actuamos de una manera a veces y en otro momento actuamos diferente casi sin reconocernos.

Los maestros en meditación recomiendan algunas reglas y formas básicas para que los principiantes tengan en cuenta, tales como el lugar, el momento, la ropa, la postura y por supuesto la motivación y objeto sobre el cual meditar. Veamos cada uno de esos puntos.

¿Cuándo meditar?

La meditación se perfecciona con la práctica y es algo que no estamos acostumbrados a hacer. Por lo tanto, como cualquier hábito que queremos desarrollar debe formar parte de una rutina.

Así como se hace con el ejercicio físico o el aprendizaje de un instrumento musical, lo ideal es practicarlo todos los días. Para algunos será más fácil por la mañana, para otros por la noche al final del día y habrá quienes prefieran hacerlo después del trabajo o en algún momento especial del día. No importa cuándo.

Lo que sí importa es que esté incluido en nuestra agenda como una actividad importante a la que nos hemos comprometido y que su lugar sea respetado. La base del éxito es la regularidad.

¿Cuánto tiempo dedicarle? Se puede empezar con 15 o 20 minutos diarios. A medida que vaya perfeccionando su práctica el tiempo se podrá extender y también aumentar a dos o tres veces en el día.

Se puede medir el tiempo con un *timer* o algún tipo de alarma. Lo importante es proponerse un tiempo mínimo. Dependerá de lo que nos haga sentir más cómodos. Y nunca deberá ser una obligación.

La meditación requiere tiempo, alguien comparó la mente con un recipiente con agua sucia. La meditación consiste en dejar el agua quieta hasta que la suciedad decante y el agua se aclare.

El lugar

Deberá ser un lugar con cierto grado de privacidad, donde podamos estar sin que nos interrumpan, sin mascotas, sin teléfonos, computadoras ni distracciones. Y un lugar que pueda convertirse en el lugar habitual para meditar. Puede ser un cuarto o u rincón de la casa. Si el clima acompaña alguno elegirá el jardín o un lugar abierto siempre que contemos con el mínimo de distracción posible y que no estemos expuestos a la mirada de los demás.

La postura

Asociado al lugar que elija, deberá tener en cuenta la postura. La forma tradicional es sentarse con las piernas cruzadas en posición de loto o medio loto, con la cadera un poco más elevada que las rodillas por lo que se utiliza un almohadón o un banco de meditación, en este caso para permanecer de rodillas. Estas posturas no son para la mayoría sino se tiene flexibilidad suficiente.

El objetivo es darle al cuerpo estabilidad y favorecer la atención. Así que puede permanecer sentado con las piernas cruzadas de la forma que pueda o también sentado en una silla. En todos los casos la espalda debe estar alineada. Una vértebra sobre la otra. Como una pila de monedas. Será por eso más útil una silla con respaldo recto. La postura no debe ser forzada, los hombros relajados, las manos sobre los muslos con las palmas hacia arriba una sobre la otra. Y si está en una silla los pies estarán bien apoyados en el piso. La mandíbula relajada, los ojos abiertos o cerrados o semicerrados mirado en un ángulo de 45° hacia el piso sin detenerse en ningún punto en especial.

Puede ocurrir que tampoco pueda permanecer mucho tiempo sentado. Puede tumbarse en el suelo, boca arriba, piernas un poco separadas, manos a los costados con las palmas hacia arriba como la postura *"savasana"* de yoga.

Lo importante, repetimos, una posición estable cómoda y relajada. Es bueno experimentar con varias posturas para elegir la que más nos agrade y poder permanecer inmóvil toda la sesión

La ropa

No es necesario comprar un atuendo especial. Los meditadores usan un conjunto o una túnica de fibra natural y amplia que sea cómoda. Pero cualquier vestimenta amplia, cómoda, liviana y/o flexible será adecuada para la práctica. No usar cinturón o aflojarlo, sin zapatos y si aprietan tampoco medias. Si la temperatura es baja, esto puede ser una causa de distracción así que es bueno cubrirse con una manta.

El objeto de meditación

Como decíamos más arriba, la mente es como un recipiente lleno de agua sucia. La suciedad se asentará cuanto más tiempo el agua se aquiete y decante. Debido a la permanente producción de pensamientos la "mente de mono", no puede concentrarse en ausencia de un objeto mental, por eso le ofrecemos alguno.

El mejor y el más sencillo para comenzar a meditar es la respiración. Elegimos una función corporal automática pero que a la vez podemos modificar voluntariamente. La respiración es algo que no necesita esfuerzo de nuestra parte para realizarla. Ese equilibrio entre lo voluntario y lo automático es muy sutil. Lo que lo hace un medio excelente para conectar la mente y el cuerpo. Además, consiste en un ciclo: inhalar y exhalar. Hacia adentro y hacia afuera, una conexión entre el exterior y el interior. Y es un fenómeno común a todos los seres vivos.

Luego se podrán incorporar otros objetos de meditación conforme se avanza en la práctica: el escaneo corporal, objetos audibles o distintas percepciones, actividades cotidianas como el comer, caminar y la introspección, o la meditación acerca de nuestras percepciones ya no solo corporales o físicas sino también emocionales, pudiendo atravesar los estados mentales desagradables y difíciles. La práctica de la meditación permitirá ver nuestra vida de una forma más clara y sincera. Pero es cuando lleguemos a la práctica de la meditación acerca del amor incondicional que llegaremos a transformaciones que probablemente no estaban en nuestras expectativas al inicio de la práctica. Y es estar no sólo presentes con nosotros mismos sino con los demás.

8. LA PRÁCTICA

niciaremos un recorrido por las diferentes modalidades de meditación. Comenzaremos por la conexión de la mente y la respiración, luego tomaremos conciencia del cuerpo y las sensaciones corporales, así como también del uso de todos los sentidos, y finalmente nos detendremos en la toma de conciencia de nuestras emociones.

Una Intención

¿Cómo empezamos el día? Algunos somos esclavos de la rutina. Probablemente nos enseñaron que estableciendo un circuito de acciones y actividades era la mejor manera de ser eficientes, aprovechar el tiempo y ser disciplinados. Así que nos encontramos iniciando el día en automático y salimos a la calle disparados, pura inercia. Pero claro, el mundo no funciona en forma tan mecánica y nos golpea con imprevistos, retrasos, complicaciones, asuntos que demandan nuestra atención y que no estaban en nuestra rutina y que quizás los abordamos también sin pensar con respuestas automáticas. A veces respondemos a lo inesperado de una manera que después nos lamentamos o nos arrepentimos. Respondemos con frustración, impaciencia o ira.

Cómo sería si en lugar de ello establecemos una intención para nuestro día que responda a una motivación que esté en consonancia con nuestra voluntad, nuestro principios, propósito, identidad, recompensas y valores centrales. Establecer una intención manteniendo esas motivaciones fortalece la conexión de nuestros centros conscientes e inconscientes o automáticos. Esto puede cambiar nuestro día haciendo que nuestras palabras, acciones y respuestas, especialmente en los momentos de dificultad sean más conscientes y compasivos.

Esto resulta mejor hacerlo al comenzar el día, antes de nuestro encuentro con nuestro teléfono o correo electrónico

1. Al despertar siéntese en la cama o en una silla en una postura relajada. Cierre los ojos, concéntrese en las sensaciones de su cuerpo sentado, la columna vertebral recta pero no rígida. Tome tres respiraciones largas y profundas Inhale por la nariz, y exhale por la boca. Luego deje que su aliento se adapte a su propio ritmo, ya que simplemente lo sigue y lo sigue, notando el ascenso y descenso de su pecho y abdomen al respirar.

2. Pregúntese: "¿Cuál es mi intención para hoy?" ¿Qué haré para tener mi mejor presencia? ¿Qué calidad de mente quiero fortalecer y desarrollar? ¿Cómo puedo cuidarme mejor? Durante los momentos difíciles, ¿cómo puedo ser más compasivo con los demás y conmigo mismo?

3. Establezca su intención para el día. Por ejemplo, "Hoy seré amable conmigo mismo; seré paciente con los demás; daré generosamente; permaneceré en tierra; perseverar; divertirme; comer bien" o cualquier otra cosa

que piense que es importante.

4. Durante todo el día, contrólese usted mismo. Haga una pausa, respire y revise su intención. Observe, a medida que se vuelva más y más consciente de sus intenciones para cada día, cómo cambia la calidad de sus comunicaciones, relaciones y estado de ánimo.

¿Cómo fijar la mente?

La práctica del mindfulness busca reducir el "ruido mental", para que, poco a poco, se haga claro lo que en realidad somos, nuestra esencia. Al detener ese ruido a través de la meditación mindfulness el cuerpo responde favorablemente, se relaja la musculatura, se normalizan los sistemas digestivos y nervioso, baja la tensión arterial, se reduce el consumo de energía y de oxígeno (por el descenso de la actividad mental) y se mejora el sistema inmunitario.

Ahora, si bien la práctica es sencilla de explicar y no excede de unos cuantos pasos, no es fácil de realizar. Por eso antes de presentar una sesión de meditación formal veamos algunas recomendaciones para aquel que más le cuesta o el que se inicia desde cero.

1. Anclaje

Se trata de atraer la mente hacia un objeto elegido y si la mente divaga la traemos suavemente de vuelta. Imagine al anclaje como arrojar el ancla desde un barco en un mar agitado. El barco se mantiene cerca de su lugar de fondeo aun cuando se mueva por efecto del viento y el agua. La mente permanece cerca del objeto aun cuando hay otra actividad mental.

¿Qué objeto elegir? El preferido es la respiración, pero también puede ser el propio cuerpo o cualquier experiencia sensorial: la vista, el oído, el tacto o inclusive una sensación interior del cuerpo como el latido del corazón el sonido de la respiración o simplemente una parte del cuerpo.

2. Descansar

Si el anclaje le resulta difícil de realizar aquí hay un segundo método: Descansar. Significa cesar el trabajo, la actividad o el movimiento a fin de relajarse.

Así como cuando quiere descansar físicamente se sienta cómodamente en un sillón, para descansar la mente uno se sienta y permite que la mente se relaje. Una forma es usando una imagen mental, por ejemplo, un escenario agradable, un objeto que nos agrade, una playa, la brisa en el campo. Aquí también la mente descansa sobre la respiración. Se puede repetir la frase: "no hay ningún lugar a donde tengo que ir, y nada para hacer en este momento, sólo descansar". Aquí se trata de convertir el descanso, que es algo instintivo, en una habilidad.

3. Ser

Si todavía descansar sigue siendo difícil, va un tercer método para aquietar la mente.

Ser es una instancia diferente del hacer. Se trata de pasar del hacer al ser. Significa no hacer nada en particular, sólo sentarse y experimentar el momento presente. Piense en algo que no es para hacer, o siéntese sin agenda, simplemente siéntese. El ingrediente clave de esta práctica es estar en el momento presente. Mientras su atención esté en el presente, lo está haciendo bien. Alternativamente, y un poco más poéticamente, puede pensar que el ingrediente clave es *darse cuenta*. Mientras sepa que está sentado, lo está haciendo bien.

Las tres prácticas anteriores, y todas las prácticas que aquietan o fijan la mente en general, tienen dos características en común: todas involucran cierto grado de *quietud mental y atención al momento presente*. Por eso, conducen al estado meditativo básico, que es el estado donde la mente está alerta y relajada al mismo tiempo. La mente alerta y relajada se irá aclarando como el agua turbia se aclara cuando es dejada en reposo y la tierra se asienta.[24]

Práctica formal: explorar formas de aquietar o fijar la mente.

5 minutos

Siéntese en cualquier postura que le permita estar alerta y relajado al mismo tiempo, sea lo que sea que eso signifique para usted. Puede mantener sus ojos abiertos o cerrados.

Anclaje (1 minuto):
durante un minuto, preste atención a la respiración, al cuerpo o a cualquier objeto sensorial que proporcione a la mente cierta estabilidad atencional. Si la atención se aleja, tráigala suavemente.

Descanso (1 minuto):
durante el siguiente minuto, descanse la mente. Si lo desea, puede imaginar que la mente descansa en la respiración de la misma forma que una mariposa descansa suavemente sobre una flor. O dígase a sí mismo: "No hay a dónde ir y nada que hacer en este momento, excepto descansar".

Ser (1 minuto):
durante un minuto, pasar de la actividad al ser. Sentado sin agenda. Simplemente siéntese y experimente el momento presente, durante un minuto.

Estilo libre (2 minutos):
durante los próximos dos minutos, puede practicar cualquiera de los tres métodos anteriores, cualquiera que sea su favorito, o puede cambiar entre ellos en cualquier momento.
Después elija el que más le guste y dedique 1, 5 o 10 minutos cada día a practicar su elección o también puede alternar entre uno y otro método. No hay elección correcta o incorrecta ni un método es mejor que otro. El mejor es el que a usted le sirve.

9. INICIANDO LA PRÁCTICA FORMAL

Conciencia de la respiración

Antes de comenzar repase el capítulo "cómo meditar", lea todas las instrucciones las veces que necesite. Una vez que haya determinado el momento y la cantidad de tiempo que le va a dedicar a la meditación. (10 a 20 minutos una vez al día está bien para empezar) siga las indicaciones:

- Encuentre un lugar cómodo, sin teléfono, sin mascota, solo (salvo que esté en un grupo de meditadores), para sentarse y una postura alerta y relajada al mismo tiempo. Vea si puede hacer que la columna esté erguida, sin ser demasiado rígida.
- Cierre los ojos (o déjelos ligeramente abiertos, si lo prefiere) y respire lentamente. Tómese unos momentos para aflojar su cuerpo de la cabeza a los pies, y respire más profundamente.
- Preste atención a las sensaciones en todo tu cuerpo: la calidez, la frialdad o cualquier incomodidad. Sea consciente de ellos, pero trate de no inquietarse demasiado.

- Elija una sensación, como la sensación de que su respiración entra y sale, y dedíquele atención. Sólo concéntrese en eso.
- Cuando su mente divague, vuelva su atención a la respiración. Después de unos momentos, la mente puede divagar de nuevo, así que una vez más, fíjese en eso y simplemente vuelva su atención al momento presente.
- Cuando esté listo, después de un minuto, 10 minutos o 30 minutos, abra los ojos. Aunque su práctica de meditación formal pudo haber terminado, su estado consciente puede continuar durante todo el día. (Esto lo veremos en los capítulos siguientes).

En la primera meditación, solemos apelar al movimiento natural de la respiración para adiestrar a nuestra conciencia a permanecer en el momento presente. Se trata de experimentar la respiración sin pretender dirigirla ni cambiarla.

Se trata de observar, darse cuenta de que la respiración funciona sola y a su propio ritmo. Se recomienda respirar por la nariz, pero si usted tiene alguna dificultad respiratoria o congestión puede hacerlo por la boca o ambas modalidades. Perciba todo aquello que esté relacionado con la respiración: el movimiento del pecho, el abdomen, el ensanchamiento de las costillas. Sienta el ruido del aire que entra o sale. Sienta el fresco del aire que entra en la nariz o la sensación del aire pasando por la garganta. No se trata de hacer un ejercicio respiratorio como en yoga. Se trata de tomar conciencia de la respiración y concentrarse en ella.

Al principio la inspiración y la espiración son más cortas y rápidas, pero a medida que se relaje y la mente se aquiete se irán alargando.

A medida que sea más consciente de la respiración comenzará a notar el espacio o la separación que hay entre la entrada y la salida del aire que generalmente no percibimos.

Cuando haya logrado conectarse con la respiración y su ritmo, fíjese en qué lugar se percibe en forma más clara el roce del aire. Haga un par de inspiraciones profundas y ubique el lugar de roce en las fosas nasales, el interior de la nariz, las aletas de la nariz, el borde de los orificios nasales o el labio superior. Cuando lo haya identificado, úselo como referencia cada vez que su mente divague y necesite volver a encontrar su respiración. Ya sabe que allí la encuentra y se ahorrará el tiempo de andar tras ella persiguiéndola por todo el tracto respiratorio.

¿Qué hacer cuando la mente divaga?

Una técnica que ayuda es contar. Hay muchas formas de hacerlo el lector usará la suya, aquí le damos algunas ideas.

- Puede contar "uno" con cada inspiración y "dos" con cada espiración. Así siempre en "uno" entra el aire y en "dos" sale.
- Cuente "uno" inspire y espire, luego "dos" inspire y espire. Así con cada número que cuenta es un ciclo. Cuente hasta cinco o diez y vuelve a empezar.
- Contar "uno" e inspira, "dos "espira, "tres "inspira, "cuatro" espira así hasta diez. Los impares serán inspiraciones y espiraciones los números pares.

- Durante la inspiración cuente "uno, dos tres, cuatro" y lo mismo con cada espiración. Adapte el número o la velocidad de cuenta al ritmo respiratorio suyo.

Puede usar alguna otra forma que se le ocurra siempre y cuando sea un mecanismo que le permita volver a fijar la atención en la respiración. No es necesario contar durante toda la sesión. Cuando la mente se concentre en el punto de roce del aire con la nariz y empiece a sentir la respiración y el punto donde la inspiración y la espiración confluyen deje de contar.

Además de contar puede conectar la inspiración y la espiración de manera que se perciba como un proceso continuo. Cuando esto lo haya logrado fije la mente en el punto donde se percibe el roce del aire. Esto irá convirtiendo a la respiración en un proceso más sutil. Cuando esto ocurra tendrá la sensación de que el cuerpo y la mente se vuelven más ligeros.

Cada vez que se distraiga, vuelva a la respiración otra vez sin juzgarse ni criticarse. Ya sólo el hecho de darse cuenta de que se distrajo es un gran avance.

La regla es ser compasivo consigo mismo. No hay problema. Deje ir las distracciones y empiece de nuevo mil veces si es necesario. Las distracciones pueden ser pensamientos, recuerdos, imágenes molestias físicas, dolor o cosas pendientes. Vuelva a la respiración que la encontrará en el punto de roce del aire en su nariz y deje ir las distracciones, no las persiga.

Sólo se trata de ser testigo de lo que sucede. Si le pica la nariz, o alguna otra parte del cuerpo, o hay molestia, lleve la respiración allí, como si el aire entrara y saliera por ese punto. Lo mismo si la postura se vuelve incómoda pruebe "respirar en ese lugar". Otra forma es nombrar lo que sucede, puede decir para sí mismo, "picazón, picazón, picazón", "hormigueo, hormigueo, hormigueo" o "tensión, tensión, tensión". Es la oportunidad de abrir el cuerpo a las sensaciones y observarlas y nombrarlas sin huir de ellas. Si la molestia es mucha y la postura es la causa puede modificarla lentamente y con suavidad.

"Nuestra respiración es como un puente que une nuestro cuerpo y nuestra mente. En nuestra vida diaria es posible que nuestro cuerpo esté en un sitio y nuestra mente en otro, o bien en el pasado o en el futuro. Esto se llama estado de distracción. La respiración es un nexo entre el cuerpo y la mente. Al empezar a inhalar y exhalar de forma plenamente consciente su cuerpo regresará a su mente en un instante. Y al empezar a inhalar y exhalar conscientemente su mente regresará a su cuerpo. Serán capaces de percibir la unidad del cuerpo y la mente y llegarán a estar plenamente presentes y vivos en el aquí y el ahora. Estarán en condiciones de tocar la vida profundamente. Esto no es difícil. Todo el mundo lo puede hacer."[25]

10. AVANZANDO EN LA PRÁCTICA

Las sensaciones corporales

El siguiente peldaño en la práctica de la meditación es la conciencia de las sensaciones corporales. Todo aquello que recibimos a través de los sentidos puede ser objeto de meditación. Esta forma de meditación nos acerca más a la posibilidad de enfrentarnos no sólo con lo agradable y lo placentero sino también con lo que nos desagrada o causa dolor.

Cuando practicamos la respiración consciente nos introducimos muy sutilmente a la alternancia entre lo placentero y lo displacentero. Veámoslo de este modo: Cuando inspiramos es sin lugar a duda una sensación agradable, vital, sentimos la energía, pero es efímero. Si queremos prolongarlo, queremos que dure más, comienza a acumularse tensión y empezamos a sentir la necesidad de espirar. La espiración también es agradable y si retenemos el aire algún tiempo se vive como un alivio. Este alivio también es pasajero y no pasará mucho antes que necesitemos volver a inspirar.

Ésta es una razón, junto a las otras que dábamos anteriormente de por qué elegimos la respiración como objeto de meditación. La respiración con sus ciclos es una metáfora de la vida donde el bienestar, el malestar y todo en ella es pasajero. Nada es permanente ni definitivo y es en vano aferrarnos a lo agradable o lo que nos causa bienestar o placer.

A medida que vayamos dominando la práctica de la meditación podemos ir aprendiendo a dejar ir cada momento sea bueno o malo y concentrarnos en el aquí y ahora, en el momento presente. Así como dejamos ir esa corta satisfacción que nos produce la inspiración, también dejamos ir los pensamientos, los recuerdos y las distracciones en nuestra meditación.

Ahora bien, como decíamos antes, al meditar sobre nuestras sensaciones corporales tenemos la oportunidad de observar cómo nos aferramos a las experiencias agradables y nos apartamos de las desagradables. Si la experiencia es agradable queremos que permanezca, que no termine, cosa que es imposible. Por otro lado, tratamos de huir de las desagradables y no queremos saber nada con ellas. Esto genera tensión y al displacer se le agrega sufrimiento.

Con la meditación mindfulness lo que queremos hacer es disfrutar de las experiencias agradables sin aferrarnos al placer que nos brindan y por otro lado ser capaces de permitir que el momento sea lo que es, y lo que esto sea, bueno, malo o aburrido lo dejemos ir. Es decir, tener una actitud más tranquila y pacífica hacia la vida.

Conciencia del cuerpo

Como en otras ocasiones usamos la atención despojada de prejuicios, no juzgamos, no analizamos ni interpretamos.
Si cree que le puede resultar difícil esta práctica dedique unos pocos minutos, no más de 5 al siguiente ejercicio.

- Para empezar, adopte la posición que usted quiera, sea de pie, sentado o acostado pero inmóvil. Perciba como está colocado. Cada vez que se distraiga vuelva la atención al cuerpo y a su posición. Sienta el suelo (o la cama o el sofá) que lo sostiene. Relájese y deje reposar su peso sobre él. Concentre su atención en la espalda y, cuando sienta un punto que está tenso o que opone resistencia, inspire hondo y relájese.

Examen o Escaneo Corporal

Se trata de captar las sensaciones que van apareciendo momento a momento

En lugar de prestar atención a la respiración, como es el caso en la meditación básica de atención plena, la exploración corporal implica centrarse sistemáticamente en diferentes sensaciones y áreas, desde la cabeza hasta los dedos de los pies. Puede realizarlo sentado o acostado.
Comience en la parte superior de su cabeza. Lenta y deliberadamente, dirija su atención a la superficie de su piel, centímetro a centímetro si puede. Vea si puede sentir su cuero cabelludo, oídos, párpados y nariz. Continúe de esta manera, moviéndose a través de la cara, las orejas, el cuello y los hombros, el pecho, la espalda, nalgas, piernas hasta los dedos de

los pies. Mueva su atención en forma sistemática de arriba hacia abajo y luego puede volver de abajo hacia arriba.

Al principio, puede parecer que no siente nada en absoluto. Pero a medida que avance, podrá empezar a notar un mundo de nuevas sensaciones. Algunas pueden ser agradables, un calor suave, una presión cómoda. Otras percepciones pueden ser neutras: hormigueo o picazón. Y algunas pueden ser desagradables. Puede sentir dolor en los pies, la espalda o alguna otra parte.

Cualquiera que sea la sensación, simplemente observe. Si necesita moverse para aliviar el dolor real, hágalo. Pero trate de no reaccionar, etiquetando la experiencia como buena o mala, incluso si es desagradable. En su lugar, simplemente reconozca qué es lo que siente y continúe con el escaneo corporal. Y, por supuesto, si se da cuenta de que su mente divaga, simplemente registre el pensamiento y vuelva su atención al cuerpo.

No hay ningún tipo de apuro, haga el ejercicio con lentitud. No imagine, siente o no siente. Si no siente, sabe que no siente y siga adelante. Si durante el examen corporal detecta alguna sensación placentera, sentirá la tentación de prolongarla. Si es así, relájese, ábrase y pruebe a no aferrarse a ella. Si, por el contrario, detecta una sensación dolorosa, intentará apartarse de ella de forma refleja; puede que se enoje o que tenga miedo. Si nota alguna de esas reacciones, trate de liberarlas. Vuelva a la experiencia directa del momento. ¿Cuál es la sensación real del dolor o el placer? Siéntalo directamente, sin interpretaciones ni juicios.

Más adelante volveremos sobre el tema del dolor y cómo tratar con él.

Meditar Caminando

Este tipo de meditación consiste en caminar lentamente, solo o con amigos. No se trata de llegar a ningún lado sino simplemente disfrutar la caminata. El propósito es estar atentos al momento presente, a la respiración y al acto de caminar.

Busque un lugar adecuado, el sendero de un parque tranquilo una calle o un cuarto amplio. Se trata de realizar conscientemente algo que habitualmente lo hacemos en forma automática. Generalmente cuando vamos de un lugar a otro lo hacemos en piloto automático, vamos pensando qué vamos a hacer cuando lleguemos, con qué nos vamos a encontrar en el destino y así nos perdemos el viaje.

Primero trate de poner su atención en el cuerpo, sea consciente de sus movimientos, mantenga los ojos abiertos. Esta conciencia del cuerpo no es tan intensa como la del ejercicio anterior. Preste atención a las sensaciones, pero también a lo que lo rodea, lo que ve y oye.

Si va a realizar esta práctica en el lugar donde se encuentra y es un lugar cerrado, puede ir y venir. Si prefiere disfrutar de salir al aire libre y se trata de un lugar público será mejor que no lo haga tan lentamente sino camine a un ritmo normal.

Primero baje la energía, sienta sus pies, generalmente las cosas más importantes de la vida pasan por nuestra cabeza, lo percibimos detrás de los ojos, pero ahora sienta sus pies, y simplemente camine. Comience a caminar con un paso normal. Perciba la sensación de sus pies tocando la tierra, "tocando", "tocando", "tocando". Perciba su cuerpo moviéndose en el espacio. Sólo preste atención a la sensación presente. No trate de poner en palabras lo que sienta, sino solamente perciba. Sea que vaya o venga, si es que está en el interior, o en el trayecto de su viaje, si es que está afuera, sienta los pies pisando la tierra, "pisando", "pisando", "pisando". Si la mente divaga y se pierde en sus pensamientos, no hay problema, reconozca sus pensamientos, déjelos ir y concéntrese de nuevo.

También puede sincronizar la respiración con cada paso. Por ejemplo, puede inhalar durante tres pasos y exhalar en tres. O cuatro o dos, o si necesita más pasos para exhalar que inhalar o viceversa hágalo. Cree su propio ritmo y sea consciente de él.

Si lo desea, de tanto en tanto, vaya más lento. Sienta como su pierna se eleva y baja. No es un ejercicio de anatomía para que deba nombrar los músculos que intervienen, sólo sienta, tensión, aflojamiento, calor, lo que ocurra sólo siéntalo. Puede si lo desea hacer una mención mental del comienzo de cada movimiento, "levanto", "muevo", "apoyo".

Después puede ir más lento todavía cuidando de no perder el equilibrio, percibiendo mejor el movimiento de las piernas y pies, elevándose, moviendo y apoyando. Tome pleno detalle de cada movimiento de una pierna y luego la otra.

Si la mente divaga, está bien, reconózcalo, deje ir aquello que lo distrae y traiga su mente de nuevo al presente, a la sensación de cada paso.

"Si te sientes feliz, tranquilo y alegre mientras caminas, es que lo estás haciendo bien…Siente el contacto de tus pies con la tierra. Camina como si besaras la tierra con los pies, le hemos hecho mucho daño a la tierra y ya es hora de que la tratemos con cariño. Transmitimos paz y tranquilidad a la superficie de la tierra, y compartimos el aprendizaje del amor."[26]

Meditar Comiendo

Este ejercicio puede revelar un mundo completamente nuevo de experiencias sensoriales interesantes. Cuando prestamos atención a la forma en que tenemos hambre y lo que comemos, resulta que también comemos menos.

Tómese el tiempo para reconocer todos los aspectos de la experiencia alimentaria y sus reacciones ante ella. Fíjese cómo se siente mientras se sienta a comer. ¿Tiene hambre? ¿Se le hace agua la boca?

Mire de cerca a la comida. ¿Cómo se ve? Observe cuidadosamente. Aprecie los colores. ¿Está caliente, frío? ¿A qué huele? ¿Hace algún sonido cuando lo sostiene?

Mientras se prepara para tomar su primer bocado, preste atención a sus propias reacciones. ¿Más saliva? ¿Está pensando en el próximo bocado?

Cuando la comida toca la lengua, ¿qué sucede? Observe el impulso de masticar. ¿Va a tragar y dar el siguiente bocado?

¿Cómo cambia la sensación de la comida cuando se mastica? ¿Qué se siente al pasar por su garganta? ¿Puedes sentirlo en su estómago?

Tómese su tiempo. Cuando haya terminado, ya estará en camino, en el siguiente bocado, nuevamente, note todo lo que pueda sobre la experiencia, los sabores, olores y sensaciones físicas, hasta sus propios deseos, reacciones e impulsos.

Medite acerca de dónde proviene lo que come. Muchos de nosotros ni siquiera lo pensamos más allá del empaque del supermercado. Y esto es una verdadera pérdida, porque comer ofrece una oportunidad increíble para conectarnos más profundamente con el mundo natural, los elementos y el uno con el otro.

Cuando hacemos una pausa para considerar a todas las personas involucradas en la comida que ha llegado a su plato, de los seres queridos (y/o usted) que lo prepararon, a aquellos que almacenaron los estantes, a aquellos que plantaron y cosecharon las materias primas, a aquellos que los apoyaron, es difícil no sentirse agradecidos e interconectados. Tenga en cuenta también, el agua, el suelo y otros elementos que formaron parte de su creación al sentarse a comer lo que sea que esté comiendo. Puede reflexionar sobre las tradiciones culturales que le trajeron esta comida, las recetas generosamente compartidas de sus amigos o las traídas de un lugar lejano, o que son un símbolo de la familia.

Al considerar todo lo que se incluyó en la comida, es fácil experimentar y expresar gratitud a todas las personas que dieron su tiempo y esfuerzo, los elementos del universo que contribuyeron con su parte, nuestros amigos o antepasados que compartieron recetas e incluso los seres que pueden haber dedicado sus vidas a una parte de la creación de esta comida. Con un poco más de atención podemos comenzar a tomar decisiones más acertadas sobre la sostenibilidad y la salud en nuestros alimentos, no solo para nosotros, sino para todo el planeta.

Meditar en las actividades cotidianas

Si de entrada, lo anterior le parece una práctica abrumadora y quiere probar con algo más sencillo, pruebe comer unas pasas con plena atención.

Siéntese cómodamente, tómese un minuto para observarlas, vea el color, huela con detenimiento. Lentamente póngala en la boca, perciba su textura, sea consciente de los pensamientos que le llegan y déjelos ir. ¿Quiere morderla? ¿Sienta el sabor, que gusto tiene? ¿Dulce, algo de acidez? ¿Cambió su aroma? Mastique lentamente. Sea consciente de cada pequeño detalle que se le aparezca.

Puede en todo caso también meditar con una taza de té. Muchas veces tomamos el té mientras leemos, charlamos o miramos televisión y el sabor del té lo perdemos. Propóngase ser consciente de cada detalle, desde la misma preparación. Caliente el agua, preste atención al sonido de la tetera, las burbujas del agua, elija las hojas. Elija la taza, sienta el peso de la tetera, vea cómo cambia el color a medida que el agua hace su trabajo. Sienta el aroma, el calor de la taza, haga todo muy lentamente. No pierda ningún detalle, el aroma, el sabor, el vapor en la cara, alguna hebra de té que haya pasado por la boca y la lengua. Puede ser que reconozca juicios y pensamientos como, "estoy perdiendo el tiempo", "tendría que comprar más té" o "nunca me doy el tiempo para degustar una taza de té", note los pensamientos y déjelos ir, solo disfrute el momento presente, disfrute su te.

Practique con cualquier actividad cotidiana. Especialmente las que realiza en forma automática y no son para nada especiales. Unas cuantas veces al día, deje lo que esté haciendo y hágase consciente de su cuerpo. Vea qué sensaciones predominan. Use todos los sentidos, el tacto, el olfato, el oído, la vista, el gusto y la propia conciencia del movimiento. Descubrirá un mundo nuevo en aquellas actividades las que jamás le parecieron importantes.

11. CONCIENCIA DE LAS EMOCIONES

El siguiente nivel de conciencia lo focalizamos en nuestras emociones. Este peldaño, en la práctica es lo que quizás le permita cambiar su vida, la instancia que le va a ayudar a manejar las emociones difíciles. Llamamos emociones difíciles a la tristeza, el miedo, la angustia, la ira, el deseo o la ambición, la frustración y los celos.

Si trabajamos con nuestras emociones durante nuestras sesiones aprenderemos a reconocer un sentimiento justo en el momento en que empieza y no cuando ya, tarde, lidiamos con las consecuencias de las acciones generadas después de que apareció la emoción. Generalmente nos lamentamos y arrepentimos por los daños que hemos causado a otros y a nosotros mismos. Así que este es el lugar donde podemos encontrar y alimentar nuestras emociones y experiencias positivas. Habitualmente tendemos a centrarnos en lo que está mal, en lo que nos duele o nos resulta desagradable. Las emociones positivas nos ayudan a enfrentar las dificultades.

Llegados a este punto podemos decir que la clave es la atención. Quien controla su atención puede controlar el tipo de realidad que experimenta y vive. Cuando la mente se dispara como un "elefante en celo" como dice la metáfora que usan en la India o como una producción obsesiva de pensamientos, "rumiación" como la llaman algunos psicólogos, esto causa mucho sufrimiento especialmente si este rumiar de ideas es negativo, trayendo quizás, del pasado, situaciones desagradables o encuentros penosos con otros. Mientras esto ocurra va a ser difícil que podamos tener equilibrio o estabilidad emocional.

Alan Wallace hablando sobre el tema, dice que se trata de un estado obsesivo, porque mientras uno quiere prestarle atención a su trabajo, a sus seres queridos o a cualquier otra actividad que quiera realizar, no puede. La mente siempre tiene algo que decir, es un dispositivo que no se puede apagar. Pero, agrega, no es sólo obsesivo, es también compulsivo, porque esos pensamientos están ahí para molestarnos, y además nos empujan, nos fuerzan a actuar de una manera que no queremos y lo peor de todo es que además son pensamientos delirantes. Es decir, creemos aquello en lo que pensamos, "lo pienso, luego es verdad". Podemos imaginar las cosas más horribles, las conspiraciones más atrevidas, tenemos la certeza de que fulano nos engaña, que quiere hacernos daño, o que tal asunto va a terminar mal, o creamos los prejuicios más insólitos, sólo porque lo pensamos una y otra vez sin ningún sostén en la realidad. Lo pensamos una y otra vez y eso termina siendo una realidad para nosotros. Eso es algo verdaderamente delirante. Nada tiene que ver con la salud mental, pero para nosotros es algo cotidiano. Nos acostumbramos, nos cansa, nos quita el sueño, pero no paramos. A su vez nos crea un déficit de atención. Nuestra mente no está en lo que hacemos, o con quien hablamos. Estamos ausentes de la realidad.

¿Y entonces qué podemos hacer?

Bien lo primero que tenemos que hacer es soltar, relajar, dejar ir. En cada respiración liberar la rumiación, no más tensión. Solo existe la realidad presente y nos establecemos en ella.

Relajación, estabilización y claridad. Paz interior. Sabemos que es porque conocemos lo opuesto. Bienestar, felicidad, lo que los griegos como Aristóteles, Sócrates o Platón llamaban "eudaimonia": felicidad que no proviene de afuera, que no se obtiene del mundo, sino felicidad que uno le da al mundo. Felicidad o bienestar no como placer sino como síntoma de equilibrio o de salud mental. Veamos cómo lo logramos.

Los cuatro pasos

Una forma sencilla de describir el trabajo con las emociones en la meditación es dar los cuatro pasos que son:

Reconocer.

Aceptar.

Investigar.

No identificación.

El primer paso es reconocer qué estamos sintiendo. La primera reacción que solemos tener ante una emoción, especialmente si es negativa, por lo general es negarlo, muchas veces por vergüenza, porque hemos perdido nuestro equilibrio, nuestro centro. Percibimos el malestar, pero no lo identificamos ya sea que sintamos ira, tristeza, celos, frustración o cualquiera otra.

Pero es imposible manejarlo sino reconocemos qué es lo que estamos sintiendo.

El segundo paso es aceptar. Los sentimientos, si son negativos, los queremos bien lejos. Cuando nos asaltan, puede aparecer la culpa y la culpa es un obstáculo. Pero debemos saber que las emociones simplemente aparecen, no dependen de nuestra voluntad, no nos piden permiso. Por lo tanto, en nuestra práctica, tenemos que estar abiertos a cualquier emoción que surja.

El tercer paso es investigar las emociones. Naturalmente tendemos a huir de ellas. No queremos saber nada con los sentimientos adversos. Creemos que, si los ignoramos o los pasamos por alto, van a desaparecer. Sin embargo, en lugar de dejarnos llevar por la reacción habitual debemos observarlos sin juzgar. Sólo lo observamos como si se tratara de un objeto, de algo que simplemente ocurre. Simplemente hacemos la pregunta ¿Qué es lo que ocurre? ¿De qué se trata lo que sentimos? La observación o estudio implica una descripción del estado, de las ideas que se asocian y de lo que pasa en nuestro cuerpo. ¿Se tensan los músculos? ¿Las vísceras se alteran? ¿Siente frio, calor, temblor o mareos? Es cierto que será algo difícil al comienzo. Pero si vamos experimentando en este método, iremos descubriendo cosas que no imaginábamos ni sabíamos de los estados emocionales que nos asaltan. Algo similar a lo que nos sucede con la comida o la caminata meditativa o la atención plena a nuestras actividades cotidianas y nuestros sentidos.

El cuarto paso es no identificarnos. Curiosamente una emoción fuerte nos define, no en la realidad, sino en nuestras creencias. En ese momento de malestar "somos" ese sentimiento. Si es frustración, nos sentimos fracasados, si es miedo, nos sentimos cobardes o impotentes, si es ira, nos sentimos fuera de control. ¡Sin embargo, la emoción pasa! No debemos confundir un estado pasajero con nuestro ser personal. La vergüenza o la tristeza que ahora siento más tarde desaparecerá.

En síntesis, la práctica del mindfulness consiste en identificar los obstáculos y decidir qué hacemos con ellos. Muchas veces esos obstáculos son simples creaciones de nuestra mente, estados pasajeros. A partir de allí en lugar de prestarle atención a la historia o los acontecimientos que se sucedieron, le prestamos atención a las sensaciones que nos provoca esos estados. En otras palabras, utilizamos el propio estado (el sentimiento de deseo, frustración o ira) como objeto de meditación.

Práctica sobre las emociones

Para esta meditación, siéntese del modo más cómodo posible, cierre los ojos o déjelos entreabiertos. Trabaje con la respiración como ha hecho hasta ahora. Luego de unos pocos minutos, empiece a sentir más detenidamente las sensaciones corporales que le acompañan. Etiquete esas sensaciones como "calor", "frio", "hormigueo", "dolor". Cuando aparezcan sonidos, no los califique como buenos o malos. Sólo etiquételos como sonidos. Cuando desaparezcan vuelva a la respiración.

A continuación, advierta la aparición de cualquier sentimiento o estado de ánimo intenso, como amor, deseo, ira, alegría o felicidad. Cuando aparezca alguno de ellos deje de lado la respiración y sienta esa emoción tanto como pueda. Permanezca con la emoción y cuando pase regrese a la respiración. Preste

73

también atención a lo que siente cuando la emoción desaparece. Si la emoción es demasiado fuerte para usted, regrese a la respiración e inténtelo otra vez más tarde.

Los estados mentales positivos también son problemáticos. La paz, la felicidad, la satisfacción interior, la simpatía y la compasión hacia todos los seres son sensaciones tan dulces y agradables que no queremos deshacernos de ellas. No queremos que pasen, queremos que perduren. Si bien no se trata de que seamos seres insensibles, sin sentimientos, es necesario aceptar que son estados pasajeros. Vienen y se van, así como llegaron. No se apegue a ellos, obsérvelos cómo son, cuánto poder tienen, cuánto duran y cómo desaparecen.

Muchas veces nos damos cuenta de una emoción cuando ya está instalada o a punto de desaparecer. Rara vez captamos la cadena sutil que comienza en nuestro inconsciente. A medida que vayamos avanzando en nuestra práctica, y desarrollemos nuestra concentración, ese proceso de aparición de las emociones será más lento. La concentración enlentece el desarrollo de los estados emocionales porque aprendemos a discernir los pensamientos y las emociones que estos provocan. De la misma manera será más fácil ver cómo las sensaciones fluyen y no sobreestimarlas.

Este trabajo puede realizarse y se aprecia mejor en el dolor físico o corporal. La idea budista de que aumentamos el dolor con nuestra actitud es porque al dolor le agregamos sufrimiento. Así padecemos el doble cuando nos preguntamos ¿Por qué a mí? Lo convertimos en "nuestro dolor". Luchamos contra él y nos quejamos. Es decir, a ese dolor lo conceptualizamos y le agregamos significado. Le agregamos miedo, enojo, preocupación, frustración, pensamos en las consecuencias o incapacidades que tendremos o las cosas que no podremos hacer.

Bhante H. Gunaratama explica: "Para una conciencia pura y no obstruida por este acontecimiento, será un flujo de energía, sin más. No hay pensamientos. No hay rechazo. Sólo energía [...] Pero la mente conceptualiza ciertas experiencias, como la del dolor. Seguramente usted se encontrará pensando en ello desde el "dolor". Es un concepto. Una etiqueta, algo que se añade a la sensación en sí. Y usted se construye una imagen mental del dolor, viéndola como una entidad [...] Es altamente probable que piense: "A mí me duele la pierna", pero el "mí" no es más que un concepto, algo externo añadido a la experiencia pura. Cuando introduce el "yo" en el proceso, está estableciendo una discontinuidad conceptual entre la realidad y la conciencia sin ego que la contempla. Pensamientos tales como "yo", "mí" o "a mí" no tienen cabida en la conciencia directa. Son añadidos extraños, de carácter engañoso. Cuando usted hace que el "yo" entre en acción, se está identificando con el dolor. Y sólo conseguirá reforzarlo. Pero si prescinde del "yo" en esta operación, el dolor no le hará daño, sino que, simplemente, será un puro flujo de energía."[27]

Y Matthieu Ricard, hablando de la realidad y cómo la vemos y vivimos, nos aclara aún más: "La comprensión de la que hablamos consiste en una visión más clara de la realidad. La meditación no es un medio de escapar de la realidad, como se dice a veces en tono de crítica, sino que, por el contrario, tiene por objeto mostrarnos la realidad tal como es —más próxima a lo que vivimos—, desenmascarar las causas profundas del sufrimiento y disipar la confusión mental que nos incita a buscar felicidad allí donde no la hay. Para alcanzar la justa visión de las cosas, meditamos, por ejemplo, sobre la interdependencia de todos los fenómenos, sobre su carácter pasajero y sobre la inexistencia del ego, percibido como una entidad sólida y autónoma con la que nos identificamos."[28]

Liberación

El manejo de las emociones es un proceso que requiere tiempo y práctica. Cuando nos sentimos invadidos por una emoción como la ira, la ansiedad o el miedo, todo nuestro espíritu o nuestra mente se ve afectado por ella. En la medida en que nuestra conciencia observa la emoción, una parte de nuestra mente o nuestro espíritu, sólo observa, no está invadido por ese estado. La plena consciencia no se ve afectada por la emoción que observa.

Al comienzo, la ansiedad, el deseo o la ira llenaba todo el ámbito de la mente, pero ahora ese espacio está compartido con la plena consciencia. A medida que la plena conciencia va creciendo, la emoción se desdibuja, pierde fuerza, hasta que pierde la capacidad de alterarnos. Por eso repetimos, la meditación no es vaciar la mente de contenido, ni bloquear emociones, ni crear un estado de relajación o anestesia. Controlamos el pensamiento permitiendo que estos lleguen y se disuelvan en el espacio de la atención o conciencia plena. Aprendemos a observar la realidad sin la contaminación de los esquemas mentales habituales, tratando de ver las cosas tal como son o aparecen. En lugar de ser coaccionados por los pensamientos, creencias o emociones, los observamos como objetos, los analizamos, dejamos que pierdan su fuerza y elegimos lo que nos sirve y dejamos pasar lo que puede dañarnos a nosotros o a los seres que nos rodean.

Thich Nhat Hanh escribe: "Para mí, no hay felicidad sin libertad y la libertad no nos la da nadie; debemos cultivarla nosotros mismos. Voy a compartir con ustedes cómo podemos conseguir más libertad. Cultivamos nuestra libertad cuando estamos sentados, caminando, comiendo o trabajando al aire libre. La libertad es lo que cultivamos cada día. Independientemente de cómo o dónde estén, si poseen libertad, son felices. Tengo muchos amigos que han estado internados en campos de trabajos forzados y, porque sabían practicar, no sufrieron demasiado. De hecho, crecieron en su vida espiritual, lo que me hace sentir muy orgulloso de ellos.

Por libertad entiendo ser libres de aflicciones, de enojo, de desesperación. Si tienen enojo, deben transformarlo para recuperar su libertad. Si tienen desesperación, es preciso que reconozcan esa energía y que no se dejen abrumar por ella. Deben practicar de tal forma que transformen la energía de la desesperación y alcancen la libertad que se merecen, la liberación de la desesperación. Pueden practicar la libertad en cada momento de su vida diaria. Cada vez que respiran, su respiración les puede ayudar a recuperar su libertad. Cuando coman, háganlo como personas libres. Cuando caminen, háganlo como personas libres. Cuando respiren, háganlo como personas libres. Esto se puede hacer en cualquier parte."[29]

12. MEDITACIÓN COMPASIVA

Un terapeuta debe aprender a distinguir entre el paciente que quiere sanarse, ponerse bien, reestructurar su vida, de aquel que sólo viene a quejarse, a contar sus males y sufrimientos o a mostrar cuán desgraciado es. Es importante saberlo porque, ¿qué le vamos a ofrecer? ¿Palmadas en la espalda? ¿Un poco de lástima o en cambio lo guiaremos por un camino que lo saque de la ignorancia, las fantasías y los prejuicios?

La autocompasión que practica o disfruta el falso paciente, no es el espíritu compasivo del que hablábamos más arriba. La compasión hacia uno mismo no tiene nada que ver con la lástima, ni con la exhibición obscena de nuestro sufrimiento. Sino más bien con una actitud generosa, no crítica hacia nosotros y nuestros errores, equivocaciones y frustraciones. Sólo siendo compasivos con nosotros mismos podremos serlo con el resto de los seres vivientes.

Toda vez que nos quejamos y decimos: ¡porqué a mí!, o ¡miren como sufro!, quedamos empantanados en un oscuro sentimiento depresivo. En cambio, la aceptación de la adversidad, el sufrimiento y la frustración nos prepara para el camino que lleva a la felicidad. Ese camino cuenta con un sendero regio que es la compasión y el altruismo.

La empatía

El hecho de pertenecer a una especie que ha progresado y se ha fortalecido gracias al desarrollo de comunidades hace que nos preguntemos acerca de los fundamentos y las características de los lazos sociales. Por esa razón se han creado muchas teorías sociológicas y psicológicas acerca de los fundamentos y características de los principios de colaboración, cooperación, solidaridad y promoción de la ayuda entre pares; pero también se estudian sus distorsiones. No se puede dejar de lado el estudio de los fenómenos de violencia, la discriminación y la agresividad que en una u otra forma a través de la historia se han manifestado con estremecedora insistencia. Este es un tema sumamente complejo que excede nuestro objeto de estudio. Nos referimos a la notable paradoja de ser una especie que se ha sostenido gracias a la cooperación y colaboración, pero que a la vez ha sido terriblemente violenta hacia sus propios congéneres.

Solo diremos unas pocas cosas. La empatía, es decir el fenómeno por el cual somos capaces de sintonizar afectivamente unos con otros, es un proceso que evoluciona progresivamente desde los primeros años de vida. Parece ser que se trata de una cualidad que acompaña el desarrollo neurológico del individuo y que se relaciona, pero a la vez es diferente de la imitación. Esa sintonización emocional tiene que ver con la sensación de ser comprendido. Podría tener, además, según algunas investigaciones hechas con primates, un sustrato biológico, deducida de la relación que habría en las conexiones entre la corteza visual y la amígdala. La percepción de otro individuo pondría en funcionamiento una pauta concreta de respuesta fisiológica: morder, desparasitar o copular.

El niño, después del primer año de vida, comienza a tomar conciencia de su individualidad. Empieza a "ser", es una entidad separada de los demás. A partir de los dos años comienza a preocuparse por los sentimientos ajenos a los que diferencia de los propios. Ahora puede ofrecer un juguete a otro niño que llora para calmar su desconsuelo. En este proceso llega, en la última etapa de la infancia, a preocuparse ya no solo por individuos, sino por todo un colectivo: los oprimidos, los pobres o marginados y da paso así, en la adolescencia, a acciones morales y altruistas.

Pero, así como intuitivamente advertimos un desarrollo de la empatía, también somos capaces de reconocer situaciones verdaderamente patológicas en su ausencia. A estas la ciencia las ha denominado psicopatías o sociopatías. Tal es el caso de los violadores, pederastas o maltratadores de familiares o desconocidos que simplemente parecen ignorar o son incapaces de percibir el sufrimiento de los demás o sentir empatía.

La compasión

Según el budismo, la compasión es un elemento indispensable para el desarrollo espiritual. Se trata de un estado mental, no violento, no agresivo, que no causa daño y que se basa en el deseo de que los demás se liberen de su sufrimiento. Según el Dalai Lama "la palabra tibetana *Tsewa* denota también un estado mental que implica el deseo de cosas buenas para uno mismo.

Para desarrollar el sentimiento de compasión puede empezarse por el deseo de liberarse uno mismo del sufrimiento, para luego cultivarlo, incrementarlo y dirigirlo hacia los demás". [30]

Pero se trata de una compasión libre de apego, es decir no dirigida a una persona especial, querida, mi amigo o amiga, o familia, sino hacia todos los seres sintientes que también tienen el derecho de no sufrir. Se trata de no poder soportar el sufrimiento de los otros seres sensibles.

Para entender mejor el concepto pensemos en las relaciones basadas en sentimientos caracterizados por el apego. Pensemos en relaciones de pareja o matrimonios, que se establecen sobre la base de intercambio, de dar y recibir, relaciones basadas en lo que se tiene o se es: belleza, inteligencia, pasión, dinero, prestigio y posición económica. ¿Qué ocurre cuando alguno de esos bienes se pierde? Porque recordemos lo que decíamos al comienzo, todo es impermanente. La belleza decae, el dinero y el prestigio pueden perderse y la inteligencia desaparecer. Entonces muchas parejas se acaban y las amistades se esfuman.

Cuando el poder, el dinero o la salud se van, se empieza a sentir la necesidad del afecto desinteresado. Los estados emocionales compasivos, en cambio se pueden disfrutar aun cuando se tengan problemas económicos, o la fortuna desaparezca.

Finalmente digamos que la falta de compasión no sólo conduce a la crueldad, sino también a la soledad, la paranoia y la enfermedad. Muchas de las investigaciones sobre la eficacia de la meditación compasiva, que actualmente se llevan a cabo, demuestran beneficios psíquicos y neurológicos en quienes la practican.

"Los circuitos de la amígdala se encienden cuando estamos frente a una persona que siente una emoción muy negativa, miedo, ira, u otras similares. Esa señal de la amígdala alerta al cerebro acerca de que está sucediendo algo importante: la amígdala funciona como radar neural para detectar la relevancia de lo que ocurre. Si algo parece urgente, como el grito aterrorizado de una mujer, por medio de sus extensas conexiones recurre a otros circuitos para dar respuesta. Entretanto la ínsula utiliza sus conexiones con los órganos (como el corazón), preparando al cuerpo para actuar (por ejemplo, aumenta el flujo sanguíneo hacia los músculos). Una vez que el cerebro predispone al cuerpo para responder, quienes practicaron meditación compasiva son más proclives a acudir en ayuda de alguien...

"Cultivar un amoroso interés por el bienestar de otras personas produce un beneficio sorprendente y singular: el circuito cerebral de la felicidad se energiza con la compasión. La amorosa bondad impulsa también las conexiones entre los circuitos cerebrales de la alegría y el córtex prefrontal, una zona crítica para guiar la conducta."[31]

La práctica

En una de sus innumerables conferencias, el Dalai Lama dio una breve explicación y condujo un ejercicio de práctica de la meditación compasiva. A continuación, veamos una transcripción de esta:

"Así pues, meditemos hoy sobre la compasión. Empecemos por visualizar a una persona que está sufriendo, a alguien que se encuentra en una situación dolorosa, muy infortunada. Durante los tres primeros minutos de la meditación, reflexionemos sobre el sufrimiento de ese individuo de forma analítica, pensemos en su intenso sufrimiento y lo infeliz de su existencia. Después tratemos de relacionarlo con nosotros mismos, pensando: 'Ese individuo tiene la misma capacidad que yo para experimentar dolor, alegría, felicidad y sufrimiento'. A continuación, tratemos de que surja en nosotros un sentimiento natural de compasión hacia esa persona. Intentemos llegar a una conclusión, pensemos en lo fuerte que es nuestro deseo de que esa persona se vea libre de su sufrimiento. Tomemos la decisión de ayudarla a sentirse aliviada. Finalmente, concentrémonos en esa resolución y durante los últimos minutos de la meditación, tratemos de generar un estado de compasión y de amor en nuestra mente." [32]

La meditación compasiva está basada en lo que algunos llaman amor incondicional. Este sentimiento compasivo o amor no tiene nada que ver con el amor romántico o pasional, no se trata tampoco de que todo el mundo nos caiga bien, ni tampoco es puro sentimentalismo. El amor incondicional se trata más bien de una capacidad que puede aprenderse. Es una actitud que extiende nuestra amistad. Amplía su marco para incluirnos a nosotros y a los demás.

Como decíamos más arriba, cuando lo practicamos reconocemos que todos tenemos el deseo de ser felices y nos afecta también el sufrimiento de los demás. Puede hacer que nos conmovamos al ver el padecimiento o el dolor de alguien que estamos observando, o alegrarnos al ver su felicidad y bienestar. Como es una capacidad que se aprende, una buena técnica para desarrollarla es buscar lo bueno que hay en cada persona. No buscamos sentir la emoción, ni tampoco que empiece a caernos bien la gente que antes no nos gustaba. Solo empezamos a repetir frases que expresen buenos deseos para nosotros y los demás.

Iniciamos la práctica de la meditación compasiva como habitualmente lo hacemos, buscando el lugar, el momento y la postura apropiada, sentado o acostado como mejor nos sintamos.

Dedicamos unos tres minutos a calmar nuestra mente prestando atención a muestra respiración.

Cuando ya advertimos que nos encontramos presentes en el aquí y ahora empezaremos a repetir una frase ofreciéndonos a nosotros mismos ese amor incondicional:

"Que pueda estar seguro, que pueda ser feliz, que pueda estar sano y vivir en tranquilidad".

Repetiremos esta frase y tal como ocurre en las otras modalidades de meditación, si la mente se va, o aparecen pensamientos que nos distraen, gentilmente y sin criticarnos, volvemos nuestra atención a la frase que estábamos repitiendo. El punto de concentración no va a ser la respiración sino la frase: *"Que pueda estar seguro, que pueda ser feliz, que pueda estar sano y que pueda vivir en tranquilidad"*.

Hay muchas variantes o frases que se pueden usar. Bhante H. Gunaratana propone:

"Que pueda yo estar bien, contento y en paz. Que no sufra ningún daño. Que no experimente ninguna dificultad. Que no me vea afectado por ningún problema. Que pueda encontrar el éxito. Que pueda tener la paciencia, el valor, el entendimiento y la determinación necesarios para enfrentar y superar la

inevitables dificultades, problemas y fracasos que me depare la vida."

A continuación, dirigimos esa misma intención o deseo a algún ser o seres queridos o cercanos, como nuestros padres, maestros o parientes.

"Que puedan mis padres estar bien, contentos y en paz. Que no sufran ningún daño. Que no experimenten ninguna dificultad. Que no se vean afectados por ningún problema. Que puedan encontrar el éxito. Que puedan tener la paciencia, el valor, el entendimiento y la determinación necesarios para enfrentar y superar la inevitables dificultades, problemas y fracasos que les depare la vida."

Tanto con esta fórmula, o con la anterior más breve, o cualquier otra que el lector haya elegido o diseñado, seguiremos ampliando el universo de nuestros destinatarios de este deseo de bienestar que formulamos en una frase. Es fácil hacerlo con nuestros padres, parientes y maestros e incluimos también a nuestros amigos. Pero también lo haremos extensivo a todas las personas que nos son desconocidas.

"Que puedan todas las personas que me son desconocidas estar bien, contentos y en paz. Que no sufran ningún daño. Que no experimenten ninguna dificultad. Que no se vea afectados por ningún problema. Que puedan encontrar el éxito. Que puedan tener la paciencia, el valor, el entendimiento y la determinación necesarios para enfrentar y superar la inevitables dificultades, problemas y fracasos que les depare la vida."

Y luego para nuestros enemigos:

"Que puedan mis enemigos estar bien, contentos y en paz. Que no sufran ningún daño. Que no experimenten ninguna dificultad. Que no se vean afectados por ningún problema. Que puedan encontrar el éxito. Que puedan tener la paciencia, el valor, el entendimiento y la determinación necesarios para enfrentar y superar la inevitables dificultades, problemas y fracasos que les depare la vida."

Y a todos los seres vivos:

"Que puedan todos los seres vivos estar bien, contentos y en paz. Que no sufran ningún daño. Que no experimenten ninguna dificultad. Que no se vean afectados por ningún problema. Que puedan encontrar el éxito. Que puedan tener la paciencia, el valor, el entendimiento y la determinación necesarios para enfrentar y superar la inevitables dificultades, problemas y fracasos que les depare la vida."[33]

13. SOBRE LA FELICIDAD

Aristóteles, hace unos 2300 años decía que "sobre la naturaleza de la felicidad no nos ponemos de acuerdo y las explicaciones del vulgo y de los sabios no coinciden".

El concepto de felicidad como ha dicho alguien es un concepto resbaladizo. Viene enredado con otros términos como bienestar, satisfacción, placer o éxito. Por ejemplo, algunos aseguran que una persona es feliz cuando alcanza cierto grado de satisfacción de sus necesidades. El problema entonces sería determinar cuál es el nivel mínimo aceptable y cuáles las necesidades mínimas indispensables. Supongamos que mi necesidad es que mi vecino desaparezca porque genera muchos ruidos molestos. Entonces me entero de que falleció repentinamente. ¿Eso me hará más feliz? No todos coincidirán en la respuesta. Hay además un cortocircuito con la ética, ¿verdad? Es decir, podemos ensayar muchos escenarios de satisfacción donde dicha satisfacción no garantiza la felicidad. De hecho, el número de suicidios de personas exitosas, famosas o de posición acomodada apunta en esa dirección.

El bienestar tampoco es un índice de felicidad confiable. El malestar de una noche de insomnio por cuidar a un hijo, el dolor físico por haber sido donante, o la incomodidad por alguna acción altruista, no es un impedimento para sentirnos felices.

El bienestar, el éxito, la ventaja económica, la popularidad, el reconocimiento social y hasta el buen humor son pasajeros. Podemos disfrutarlo un tiempo, pero en la medida que el estímulo o la condición externa cesa, el placer desaparece.

Quiere decir que, para entender mejor el concepto, debemos prescindir del exterior, o por lo menos, centrarnos en nuestro interior, nuestra subjetividad y la forma como nos conectamos con ese exterior teniendo en cuenta además algunas consideraciones éticas. Dos sujetos con el mismo entorno y en circunstancias parecidas puede sentirse uno feliz y el otro no.

Aquí es donde juega su papel mindfulness o conciencia plena de la que tratan estas páginas.

Si bebe una taza de té, es mejor beberlo con el cuerpo, pero también con la mente. Es estar plenamente consciente de ese té. Esa es la vida verdadera, de otra manera se trata de un acto mecánico, robótico. Allí no hay vida.

Cuando uno respira conscientemente, la mente y el cuerpo están juntos, se unen, uno está completamente presente. Esa atención plena a uno lo convierte en una persona viva aquí y ahora. Además, uno puede ser consciente de todo aquello que nos rodea, el entorno, la naturaleza y las personas que están allí.

Asimismo, la meditación y la atención plena nos permiten atender a nuestras emociones, nuestras tristezas, nuestros sufrimientos y enojos. Y hacerlo amablemente, sin juzgar, sin culpa, sin angustia. De esa manera uno fortalece los pensamientos y las emociones positivas y reconoce los negativos a fin de encontrar sus raíces, comprender su naturaleza y liberarse de ellas.

Es estar consciente, sin juzgar, de pensamientos, sensaciones e imágenes. Cuando uno presta atención a los ritmos biológicos, a la respiración, al aire que entra, se detienen los pensamientos. El único objeto de la mente es la inspiración y espiración. Si uno sigue atento a la respiración, esta se vuelve más lenta, más tranquila y pacífica. Y cuando uno hace el reconocimiento del cuerpo entero, se reconcilia con el cuerpo, y la tranquilidad de la respiración se extiende al cuerpo.

Así que primero uno trae la mente al cuerpo, se ocupa del cuerpo, el cuerpo se relaja y ahí entonces uno puede encargarse de los sentimientos y emociones y descubrir las raíces de esas emociones y sentimientos y liberarse.

En mindfulness uno obtiene "ecuanimidad". Según la real academia, ecuanimidad tiene dos acepciones:

"Igualdad y constancia de ánimo" y, además:

"Imparcialidad de juicio". En nuestra cultura, hacemos y hacemos cosas, sin consciencia, automáticamente y pensamos demasiado, pero nuestro pensamiento es poco creativo. Está atado a prejuicios, y cuando no respondemos con patrones preestablecidos que nos garantizan una repuesta rápida, porque parece que todo tiene que ser rápido, respondemos según nuestros sentimientos o arrebatos sentimentales que son efímeros y pasajeros. En cambio, cuando nuestra respuesta a las circunstancias se basa en un juicio imparcial, y nuestro ánimo se mantiene constante, en ese estado es posible la creatividad, un estado de ser y en ese estado de ser se despierta el amor y la compasión. Mindfulness calma la mente y sana.

Cuando uno está plenamente consciente, sabe que está allí, y cuando hay otra persona, uno sabe también que el otro está allí también y uno está atento, consciente del paso que da, de lo que toca y siente. Es un acto espiritual, ya no caminamos como sonámbulos.

Hay personas que no pueden ser felices en el momento presente. Creen que es imposible, creen que deben conseguir alguna cosa más en el futuro o que podrán lograrlo en otro lugar. Hay un concepto muy utilizado por los que practican la meditación que es "estar en casa o volver a casa". Respirar conscientemente, caminar en forma consciente a uno le permite volver de nuevo a "casa". Uno tiene una cita con la vida y esa cita es ahora, en el momento presente. Si pierde el momento presente, pierde su cita con la vida.

"Llegué" significa: "no quiero escapar más, quiero sentir la vida profundamente". *No hay camino hacia la felicidad, la felicidad es el camino*. Estar plenamente presente en el aquí y ahora no es una declaración, es una práctica.

El dolor y el temor

Evolutivamente hemos vivido instintivamente. El instinto nos ha garantizado la supervivencia. Ante un estímulo tenemos la respuesta inmediata. Vivir instintivamente es más rápido, pero más primitivo. Nuestros enemigos han sido siempre el dolor y la muerte. El temor nos ha servido para mantenernos alejados de nuestros enemigos, huir o atacar.

Pero como más arriba vimos, nuestro cerebro desarrolló funciones corticales o superiores. No solo vivimos según las reglas de la supervivencia, sino que también hemos podido desarrollar la concentración, la atención plena, la compasión y el altruismo. Todo esto supone cierto grado de elaboración y mayor complejidad.

Pero nosotros, los occidentales, estamos acostumbrados a las soluciones rápidas, si es más rápido es mejor, ¡lo quiero ahora! Así que, cuando las cosas no funcionan, hablo con mis amigos, leo libros de autoayuda, tomo medicamentos, o tóxicos. El problema es que después de una ingesta de alcohol o cocaína uno se siente mal, es muy displacentero y uno se siente muy infeliz.

Vivir de acuerdo con los instintos es más rápido, pero también monótono, el cerebro no procesa más allá del primer estímulo. Resuelve y pasa al siguiente estímulo. Aprender a estar consciente, en cambio toma más trabajo y lleva más tiempo.

"Si bien es concebible remediar los dolores mentales transformando la mente, ¿cómo podría aplicarse el mismo proceso al sufrimiento físico? ¿Cómo se puede hacer frente a un dolor que nos empuja a los límites de lo tolerable? Una vez más, conviene distinguir dos tipos de sufrimiento: el dolor fisiológico y el sufrimiento mental y emocional que el primero engendra. Indudablemente, hay varias maneras de vivir un mismo dolor, con más o menos intensidad. Desde el punto de vista neurológico, sabemos que la reacción emocional al dolor varía de forma importante de un individuo a otro y que una parte considerable de la sensación dolorosa se halla asociada al deseo ansioso de suprimirla. Si dejamos que esa ansiedad invada nuestra mente, el más benigno de los dolores se vuelve enseguida insoportable. Es decir, que nuestra apreciación del dolor depende también de la mente, la cual reacciona ante el dolor mediante el miedo, la rebeldía, el desánimo, la incomprensión o el sentimiento de impotencia, de suerte que, en lugar de padecer un solo tormento, los acumulamos. Entonces, ¿cómo dominar el dolor en vez de ser víctima de él? Si no podemos escapar de él, más vale aceptarlo que intentar rechazarlo. Tanto si caemos en el desánimo más absoluto como si conservamos la presencia de ánimo, así como el deseo de vivir, el dolor subsiste, pero en el segundo caso seremos capaces de preservar la dignidad y la confianza en nosotros mismos, lo que establece una gran diferencia."[34]

Para dominar el dolor, continua M. Ricard, el budismo se sirve de algunos métodos. El primero de ellos consiste en observar el dolor sin interpretarlo, en un estado de plena conciencia. El segundo utiliza las imágenes mentales. El tercero permite transformar el dolor abriéndose al amor y la compasión, y el último consiste en examinar la naturaleza del sufrimiento y, por extensión, la del espíritu que la sufre.

Cuando por medio de la introspección, esa visión penetrante o *vipassana*, de la que hemos estado hablando, cuando investigamos por nosotros mismos, a través del cultivo sistemático del mindfulness ante un dolor muy concreto y personal que podamos estar sufriendo, descubrimos que parte de ese sufrimiento es algo que nosotros le agregamos a nuestro dolor. Por ello, si bien el dolor es inevitable, el sufrimiento que lo acompaña es opcional. Y todo ello significa que la forma en que nos relacionamos con el dolor es extraordinariamente importante. Y eso lo podemos cambiar.

En su último libro, "Rasgos Alterados", versión en castellano publicada en 2018, D. Goleman y R. Davidson, hacen una actualización de los hechos comprobados científicamente, acerca de los beneficios y efectos de la meditación. Como dijimos antes los métodos e instrumentos de medición y evaluación neurológica han avanzado enormemente desde el inicio de las investigaciones sobre el tema en los años 70 y muchas de las afirmaciones que alguna vez se hicieron ya no se pueden sostener. Con el objetivo de erradicar las falsas ideas y la "neuromitología", Daniel Goleman y Richard Davidson nos muestran que —más allá de los estados placenteros que los ejercicios mentales provocan— el auténtico resultado beneficioso de estas prácticas reside en que *de ellas pueden surgir rasgos perdurables de la personalidad.* Pero a modo de síntesis afirman lo siguiente:

"A partir de las horas, días y semanas iniciales, la meditación genera beneficios. Por una parte, el cerebro de los principiantes muestra menor reactividad de la amígdala al estrés. Al cabo de dos semanas de práctica se observan mejoras en la atención, como mayor enfoque, menor dispersión mental y ampliación de la memoria de trabajo, que se traducen en mejores resultados en el examen de ingreso a la universidad. Algunos de los beneficios más tempranos aparecen en la práctica de la meditación compasiva, incluida una mayor conectividad en los circuitos asociados con la empatía. Y los marcadores de inflamación disminuyen levemente en solo 30 horas de práctica. Si bien estos beneficios surgen incluso con muy pocas horas de práctica, son frágiles y necesitan sesiones diarias para mantenerse. En los meditadores de largo plazo, con unas 1000 horas de práctica o más, los beneficios registrados hasta ahora son más sólidos, y otros se añaden. Indicadores cerebrales y hormonales muestran disminución de reactividad al estrés y menor inflamación, fortalecimiento de los circuitos prefrontales para manejar la aflicción y menores niveles de cortisol —la hormona del estrés— señal de menor reactividad al estrés en general. En este nivel la meditación compasiva proporciona más sintonía neural con las personas que sufren y mayor probabilidad de hacer algo para ayudarlas. Con respecto a la atención, los beneficios incluyen una atención más selectiva, una disminución del parpadeo atencional, mayor facilidad para sostener la atención, más disposición a responder a lo que pueda suceder, y menor dispersión mental. Junto con la disminución de pensamientos obsesivos con respecto a la propia persona se observa un debilitamiento de los circuitos asociados con el apego. Otros cambios biológicos y cerebrales incluyen una disminución de la frecuencia respiratoria (indicador de menor velocidad metabólica). Un retiro de un día de duración mejora el sistema inmune y durante el sueño perduran indicios de estados meditativos. Todos estos cambios sugieren la emergencia de rasgos alterados. Finalmente, los yoguis de nivel "olímpico", con un promedio de 27.000 horas de meditación a lo largo de su vida, muestran claros indicios de rasgos alterados como amplias ondas gamma en sincronía en extensas regiones cerebrales, un patrón cerebral que nunca se había observado y que también aparece en reposo. Si bien son más firmes durante la práctica de la presencia abierta y la compasión, las ondas gamma persisten mientras la mente descansa, aunque en menor grado. Los cerebros de los yoguis también parecen envejecer más lentamente comparados con los de otras personas de su edad. Otros signos de la pericia de los yoguis incluyen la capacidad de detener y comenzar estados meditativos en segundos, y de meditar sin esfuerzo (en particular, los más expertos). La reacción ante el dolor también es distintiva: escasos signos de ansiedad anticipatoria, una breve e intensa reacción durante el dolor y una rápida recuperación. Durante la meditación compasiva el cerebro y el corazón de los yoguis se acoplan de una manera no observada en otras personas. Más aun, en reposo el estado cerebral de los yoguis se asemeja al de otras personas cuando meditan: *el estado se ha convertido en rasgo.*"[35]

14. MINDFULNESS EN FAMILIA

La paradoja en la era de las conexiones y las redes digitales es que los miembros de la familia están desconectados como nunca. Padres e hijos, parejas, amigos los vemos reunidos pero cada uno está mirando su teléfono o tableta. En la mesa familiar no son muchos los que establecen la regla de "sin teléfonos". Transmitimos mensajes y textos superficiales y estamos lejos de la experiencia de mirarnos a los ojos, sentir el contacto mutuo o tener una conversación real. Si esta tendencia sigue en aumento, tendremos una crisis en nuestra estructura de vínculos, o por lo menos, la familia desconectada será la norma.

Es cierto que revertir estas nuevas costumbres es difícil, algunos lo intentaron y se rindieron. Hemos aprendido en situaciones semejantes, que lo mejor no es mirar primero lo que los otros deben cambiar. Lo más efectivo es hacer nuestro propio trabajo primero. En otras palabras, debemos elevar nosotros nuestro nivel de conciencia. Relacionarnos con el entorno y con los nuestros, no en piloto automático, sino brindando atención plena a lo que hacemos y a los que nos rodean. Nuestros hijos verán en nosotros lo que necesitan aprender. La forma en que nos ven es más poderosa que 10 sermones.

Durante muchos años se les enseñó a los padres la idea de que tienen que consultar a los expertos para resolver cada problema en la crianza de los hijos, desconociendo así su propia inteligencia e intuición, basada en la experiencia y el aprendizaje obtenido es su propia vida.

Es bueno consultar cuando uno no posee los recursos o el problema a uno lo sobrepasa. Pero sí es necesario mirar hacia adentro, hacer una pausa, escucharnos y confiar en nuestra propia sabiduría. Aprender a respirar y poder ver una perspectiva más amplia que vaya más allá de nuestras reacciones emocionales.

Formar una familia es una tarea difícil, arrastramos el conocimiento de aciertos y errores de nuestra familia de origen y corremos el riesgo de dejarnos llevar por rutinas, por patrones y costumbres que heredamos o desarrollamos para situaciones particulares que no tienen por qué volver a repetirse en un escenario distinto.

La atención plena, la introspección y el saber detenernos nos permite ver el panorama más amplio. Ver las diferencias y particularidades de cada conflicto o problema o lo que sea que nos demande la vida. De esa manera enfrentaremos cada desafío con creatividad e inteligencia, recordando que somos imperfectos pero que debemos ser amables con nosotros mismos y con los demás.

Con respecto a nuestra pareja, a veces erramos al verlo como un objeto estático. No vemos a la persona con sus fortalezas, belleza, alegrías y triunfos, sus fallas y sus sufrimientos. Si logramos por un instante sentir nuestra humanidad compartida, ese es un momento de conexión, ese es el momento de conexión de amor que mantiene la fortaleza del vínculo. Una caricia, el tomarse de la mano, o un abrazo que se prolonga hasta que uno se relaja, permite la conexión consciente y calmada.

Los niños

Afortunadamente los niños no tienen problema para conectarse con el momento presente. Somos nosotros y las demandas sociales y culturales, las presiones y las distracciones tecnológicas que provocan la pérdida de esa capacidad. Nosotros, entonces, debemos contrarrestar esa desviación.

Si nuestro hijo nos hace una pregunta y respondemos mirando el teléfono le estamos enseñando que prestar atención no es importante. Si usted está estresado y trata mal al que lo interrumpe, le enseña que es aceptable ser agresivo. Por otro lado, si ayuda al alguien a alzar algo que se le cayó en la calle, le está enseñando a pensar en los demás, está poniendo la semilla de la compasión. Si puede hablar sin dificultad sobre sus propias emociones y las de los demás, y es amable aun en los momentos difíciles, le está inspirando compasión e inteligencia emocional. Cuando usted se recupera de sus propios errores en lugar de hundirse en la vergüenza le está ensenando resiliencia.

Por supuesto, además, le puede enseñar la práctica de la atención plena en forma más directa, interviniendo en los momentos de frustración del niño, cuando perdió un juguete o no quiere compartir algo. Se puede actuar directamente sea que estén felices o con malestar, ayudándoles a identificar sus emociones y cómo afecta esto su cuerpo.

La práctica de la respiración con niños

Se puede empezar a practicar con niños pequeños a partir de los 3 o 4 años. Consiste en enseñarles a ser conscientes de la respiración. Aquí le proponemos un ejercicio muy sencillo y entretenido. Puede practicarlo en familia.

Busque un muñeco o animal de peluche un poco pesado. Este será el compañero de respiración. Todos los que participan se acuestan boca arriba y colocan al compañero de respiración sobre el abdomen. Se trata de elevar y bajar al muñeco con cada inhalación y exhalación. Con niños más grandes o adolescentes se puede usar cualquier objeto más o menos pesado, un libro grueso, por ejemplo. Trate de que la respiración se vaya haciendo cada vez más lenta, contando hasta 3 o 4 en la inhalación y uno o dos en la exhalación. Esta herramienta es ideal para conseguir calma en los momentos de estrés o ansiedad, por ejemplo, cuando se esté preparando para una prueba, o después de una pelea con un amiguito.

Adolescentes y Adultos Mayores

Dentro del marco de la familia existen dos instancias críticas con problemáticas particulares, la adolescencia y la vejez. Ambos soportan una carga importante por aumento de la ansiedad. Si bien es por motivos opuestos, los adultos en la etapa media de la vida son vulnerables a la hora de lidiar con las complejidades que aparecen. El adolescente demanda un mayor grado de independencia y por el contrario el adulto mayor la va perdiendo. En ambos casos tanto los unos como los otros luchan por ajustarse a un entorno que no siempre se adapta a su nueva identidad.

Antiguamente estos cambios se daban en grupos familiares que eran más numerosos y donde convivían en una misma casa diferentes generaciones simultáneamente. De algún modo, todos colaboraban con todos y si bien los conflictos existían, la contención se distribuía entre más de un miembro.

Hoy a raíz de la disgregación de los núcleos familiares tradicionales y la nueva dinámica de las familias ensambladas, la independencia individual, divorcios y separaciones por causas diversas, muchos deben atravesar esta etapa en soledad ya sea para hacerse cargo solo de un adulto mayor o tener que lidiar sin contención en circunstancias de crisis.

Además, se han extendido las etapas de desarrollo vital. Por un lado, el pasaje de la niñez a la adultez, que en poblaciones primitivas se daba en un lapso de semanas o meses junto con algún rito de iniciación, hoy puede extenderse desde la pubertad hasta pasados los 24 años, según algunos y también más. En el caso de los mayores, la longevidad alcanzada gracias al mejoramiento tecnológico y sanitario se vive más tiempo en todo el mundo. Un faraón del antiguo Egipto contaba con 20 a 25 años para construir su monumento funerario porque difícilmente viviría más de 40 años. Hoy gran parte de la población tiene una expectativa de vida que supera el doble de esa edad.

Tanto una etapa como la otra, es decir la adolescencia como la vejez, están marcadas por las pérdidas. En el caso de los primeros, a la pérdida de los privilegios y comodidades de la niñez, claro está si es que efectivamente hubieran sido adecuadamente cuidados, se le suma ser enfrentados a exigencias para las que no están preparados y la entrada al sistema productivo y reproductivo.

En el caso de los adultos mayores, ellos también pierden. Pierden su lugar el mundo productivo, y los roles sociales que acostumbraban. Pierden familiares y amigos porque van falleciendo. La soledad y la falta de proyectos y desafíos puede hacer de su existencia una monotonía o sin sentido. También como los adolescentes, padecen la ansiedad de tener que adaptarse a su nueva identidad. Esa reconstrucción tanto en unos como en otros consume energía y provoca malestar y miedo.

Por esa razón la práctica de mindfulness es una herramienta valiosa para atravesar esas vivencias con ecuanimidad. La flexibilidad que se obtiene y la posibilidad de deshacerse de los viejos condicionamientos permite mantenerse en equilibrio y estable sabiendo que todo cambia y todo pasa.

El núcleo familiar puede ayudar a sus integrantes en crisis a obtener esa plasticidad para adaptarse aceptar y sobreponerse a las exigencias de la vida y salir adelante.

15. EN SÍNTESIS

- La meditación es una práctica, es un entrenamiento emocional y psicológico. Muchos científicos han estado estudiando durante las últimas tres décadas, si efectivamente esta disciplina tiene efectos mensurables y observables objetivamente en los sujetos que la practican.
- La meditación "no cura", pero si usted practica regularmente, tal como una rutina de ejercicios físicos como cuando va al gimnasio, cuanto más se practica mejores resultados se obtienen.
- Estas mejoras consisten en adiestrar la atención. Ello nos ayuda a prestar atención a nuestras experiencias y reacciones y nos permite detectar hábitos mentales dañinos, prejuicios, reacciones condicionadas y además prestar atención de forma no prejuiciosa y no condicionada al entorno y las personas que nos rodean.
- La meditación permite el desarrollo de la concentración, la atención plena o mindfulness y la compasión o amor incondicional.
- La concentración fija y centra nuestra atención para no distraernos. De esta manera podemos enfocarnos en una actividad sin desperdiciar energía en forma innecesaria.
- La práctica de la concentración se desarrolla tomando un objeto como foco de nuestra atención y meditar sobre él.

Existen muchas formas de hacerlo según el tipo de meditación que se elija. Pero el objeto privilegiado es la respiración.

- Mindfulness permite desarrollar la atención. Así como se practica con la respiración, puede hacerse con cualquier cosa que ocurra dentro o fuera de nosotros. Todas las sensaciones pueden ser observadas y analizadas tanto en su relación con las emociones y los pensamientos. La práctica consiste en observar las sensaciones que producen los pensamientos, visiones, olores, sonidos, sabores y tacto, sin aferrarnos a ellos cuando son agradables y sin provocar aversión cuando son desagradables e ignorar los que sean neutros.

- Todas las reacciones automáticas o reflejas pueden ser, con la suficiente práctica, reemplazadas poco a poco por reacciones conscientes. Este dominio sobre nuestras reacciones condicionadas nos produce felicidad por la libertad que nos proporciona.

- Además de la concentración y la atención se desarrolla el amor incondicional. Se trata de una conciencia compasiva que se pretende y se facilita con la meditación al estar libre de prejuicios y sentimientos condicionados y desarrollando el deseo de que todos los seres sean felices. Con esta actitud altruista se mejoran las relaciones con la familia, los amigos y todos los seres que nos rodean.

- Mindfulness o atención plena es una práctica basada en la meditación Vipassana, que puede ser ejercitada por todos, desde niños pequeños hasta adultos mayores. Es una actividad simple pero no fácil de desarrollar. La dificultad radica en que es una actividad completamente contraria a lo que habitualmente hacemos en nuestra vida cotidiana. Culturalmente estamos acostumbrados a vivir en el pasado o preocupados por el futuro desperdiciando el momento presente. Creemos falsamente, además, que las acciones automáticas son más rápidas y por lo tanto más rápido es mejor.

- La dificultad del mindfulness, como en cualquier otra disciplina o habilidad, radica en que demanda constancia y trabajo. Pero cuanto más tiempo se dedique a la práctica mayores resultados obtendrá. La meditación demanda decisión y disciplina.

En relación con las formas o actividades que hemos propuesto en esta modesta guía recordamos las siguientes:

1. **Meditación basada en la respiración.** El foco está puesto en seguir cada inhalación y exhalación y las sensaciones que le acompañan.

2. **Escaneo corporal.** En forma metódica reconocemos cada parte del cuerpo registrando todas las sensaciones que provienen de ellas, comenzando por las más burdas hasta advertir las más sutiles. Esa autoobservación permite una conexión con nosotros mismos que de otra manera sería imposible.

3. **Movimiento consciente.** Busca establecer un puente con la corporalidad. Esto se puede realizar como un paseo atento o caminata consciente, una comida consciente, o la realización consciente de cualquier actividad cotidiana.

4. **Observación de emociones.** A medida que se va desarrollando la habilidad de ser consciente de las sensaciones que provienen de los sentidos y el pensamiento, somos consciente de las emociones

agradables y desagradables que aparecen y aprendemos a observarlas sin juzgarnos ni reaccionar.

El inicio de un viaje

La conciencia o atención plena es la capacidad de estar presente aquí y ahora. Si hay consciencia plena también habrá concentración. Cuando el grado de consciencia sea alto empezará a comprender a fondo lo que de verdad sucede en el aquí y ahora.

El proceso consiste en conciencia, concentración y percepción. La percepción real nos libera de las percepciones equivocadas y hace que dejemos de sufrir.

Si bien consciencia plena significa establecerse en el momento presente no significa que no examinemos el pasado y aprendamos de él o hacer planes para el futuro. El futuro también se puede convertir en un objeto de conciencia y determinar lo que hay que hacer para que ese futuro sea posible. En palabras de Thich Nhat Hanh, cuidar el presente es la mejor forma de asegurar el futuro.

"No practicamos Vipassana con la intención de experimentar ningún tipo de sensación en particular, sino para liberar la mente de todo condicionamiento. Si reaccionamos ante cualquier sensación, aumentamos nuestro sufrimiento. Si nos mantenemos equilibrados, permitimos que algún condicionamiento desaparezca, y la sensación se convierta en un medio para librarnos del sufrimiento. Erradicamos la aversión observando las sensaciones desagradables sin reaccionar. Erradicamos el deseo observando las sensaciones agradables sin reaccionar. Erradicamos la ignorancia observando las sensaciones neutras sin reaccionar. Ninguna sensación, ninguna experiencia, es intrínsecamente buena o mala. Es buena si uno se mantiene equilibrado, es mala si se pierde la ecuanimidad." [36]

"Hay quien cree que el estar siempre equilibrado, significa que ya no se puede disfrutar de la vida en toda su variedad; como si un pintor que tuviera la paleta llena de colores, y decidiera utilizar solo el gris, o como si alguien que tuviera un piano, decidiera tocar sólo una nota. Es una concepción errónea de la ecuanimidad. El hecho es que el piano está desafinado y no sabemos tocarlo. Ponerse a aporrear las teclas en nombre de la autoexpresión sólo producirá sonidos discordantes, pero si aprendemos a afinar el instrumento y tocarlo como es debido, podremos hacer música. Usamos toda la escala del teclado, desde la nota más baja hasta la más alta, y cada nota que toquemos solo creará armonía y belleza." [37]

Hace 30 años era casi imposible encontrar un lugar donde se pudiera aprender y practicar la meditación. Hoy las posibilidades se han multiplicado. Cada día hay más lugares donde se ofrece en forma seria la introducción a diferentes tipos de meditación, sea vipassana, zen, o tibetana en sus diferentes modalidades. Los responsables de enseñar y entrenar en arte, deportes, o cualquier tipo de habilidad están incorporado técnicas de atención plena. Hay programas, revistas y publicaciones varias, aplicaciones para dispositivos móviles.

También se ha incorporado en los últimos años el mindfulness a la psicoterapia como más arriba lo hemos señalado.

¡Si usted se ha interesado en la práctica de la atención plena, felicitaciones! Está iniciando un viaje que lo llevará a una aventura de conocimiento y crecimiento personal. Este viaje le permitirá aprender a vivir con una mayor presencia, apertura y consciencia del mundo en general y de lo que ama en particular. Todos se verán beneficiados. Aprenderá a conocerse como en realidad usted es y a conectarse con dimensiones de su vida que desconoce y podrá ver más allá de las apariencias lo que se despliega en su cuerpo y su mente.

GLOSARIO

- **Ansiedad:** Es un sentimiento de preocupación, nerviosismo o temor a un evento o situación. Es una reacción normal al estrés.

- **Ansiedad, trastorno de:** Se denomina así cuando la ansiedad excesiva interfiere con las actividades diarias, como trabajar, estudiar o interactuar socialmente con familiares, amigos o desconocidos. Los más comunes son el Trastorno de Ansiedad Generalizada (TAG), Trastorno de Pánico, Fobias, Trastorno Obsesivo Compulsivo (TOC), y Trastorno de Estrés Post Traumático (TEPT)

- **Atención plena:** Es prestar atención de manera intencional al momento presente sin juzgar. Permite relacionarnos en forma directa con aquello que está ocurriendo en nuestra vida aquí y ahora, en el momento presente. Nos ayuda a recuperar el equilibrio interno, administrar nuestro estrés, dolor, enfermedades, pérdidas o desafíos de la vida y recuperar nuestra capacidad de discernimiento y compasión.

- **Budah:** Se conoce como Buda al "iluminado", en sánscrito (antiguo lenguaje de la Sagrada India). El término buda es un título otorgado a todos aquellos que han logrado un completo estado de tranquilidad mental.

- **Conciencia Plena:** Otra forma de nombrar a la atención plena.

- **Compasión:** La compasión es la voluntad de que todos los seres puedan ser felices (felicidad duradera) y todos los seres se liberen del sufrimiento. La compasión no es una emoción sino una motivación, es desarrollar una actitud de voluntad de que los demás puedan liberarse de sus sufrimientos y encontrar la felicidad.

- **Dharma:** La palabra dharma, también escrita como darma, es de origen sánscrito y significa "ley" o "realidad". En el budismo, Dharma es generalmente usado para señalar las enseñanzas del Buda y el camino acertado para llegar a la iluminación.

- **Dukkha:** Termino pali que designa al sufrimiento, no sólo al dolor corporal sino la sutil y profunda sensación de insatisfacción mental.

- **Ecuanimidad:** Se denomina ecuanimidad al estado mental de una persona capaz de reflejar equilibrio y estabilidad emocional aun estando en medio de una situación extrema que pueda generar el desequilibrio psicológico. La palabra ecuanimidad deriva del latín aequanimĭtas, que significa imparcialidad. En este sentido, la ecuanimidad se refiere a mantener una actitud equilibrada y constante a lo largo del tiempo, más allá de las circunstancias que nos rodean, bien sean positivas o negativas.

- **Estrés:** Es el conjunto de cambios físicos y mentales que se producen en nuestro cuerpo ante la aparición de un estímulo que percibimos como amenaza. Frente a lo que nos resulta amenazante la respuesta de estrés nos prepara para huir o luchar.

- **Estrés Psicológico:** Se desencadena no por la presencia de un peligro real sino por nuestros propios pensamientos o emociones.

- **Insight:** En Psicología es un término que proviene del inglés que se puede traducir como visión interna. Es el proceso de introspección por el cual el sujeto capta, internaliza o comprende algún conocimiento de sus propios estados o procesos mentales.

- **Meditación:** Es un pensamiento o consideración de algo con atención y detenimiento para estudiarlo y comprenderlo. Existen muchas formas y métodos de meditar. Mediante la meditación se aprende a pensar y dejar de pensar.

- **Mente:** Es el órgano de la percepción y la cognición. Conjunto de capacidades intelectuales de la persona.

- **Mindfulness:** Es una de las primeras traducciones que se hicieron de la palabra "sati" del idioma pali. Sati proviene de "sarati" que significa rememorar o recordar y recordar es traer al presente. Por eso se la utiliza para designar la capacidad humana básica de recordarnos estar en el presente y volver constantemente al aquí y ahora. Se ha traducido al español como Atención Plena, Conciencia Plena y Presencia Mental, entre otras.

- **Neuroplasticidad:** La plasticidad cerebral se refiere a la capacidad del sistema nervioso para cambiar su estructura y su funcionamiento a lo largo de la vida, como reacción a la diversidad del entorno. Se utiliza para referirse a los cambios que se dan a diferentes niveles en el sistema nervioso: Estructuras moleculares, cambios en la expresión genética y comportamiento.

- **Pali:** Es un idioma índico. Proviene de la lengua de los vedas y propio de los textos budistas. Tiene una estrecha relación con el sánscrito.

- **Pensamiento:** Es la capacidad que tienen las personas de formar ideas y representaciones de la realidad en su mente relacionándolas unas con otras.

- **Psicoterapia:** Conjunto de tratamientos psicológicos aplicados a las personas con conflictos psíquicos

- **Resiliencia:** Capacidad que tiene una persona o grupo de recuperarse frente a la adversidad para seguir proyectando el futuro. En ocasiones, las circunstancias difíciles o los traumas permiten desarrollar recursos que se encontraban latentes y que el individuo desconocía hasta el momento.

- **Sánscrito:** El sánscrito es una lengua clásica de la India, además de una de las lenguas indoeuropeas más antiguas y documentadas. El sánscrito se usa actualmente como lengua litúrgica en el hinduismo, el budismo y el jainismo.

- **Sensación:** Según los meditadores la sensación es uno de los siete factores mentales universales. Los otros seis son, el contacto, la percepción, las formaciones mentales, la concentración, la fuerza vital y la conciencia.

- **Vipassana:** Término pali traducido muchas veces como visión profunda. Vipassana es la más antigua de las prácticas de meditación budista. Consiste en el cultivo directo y gradual de la atención plena o conciencia pura. Es un examen cuidadoso de la propia existencia y la experiencia vital.

- **Yo, (Ego):** El concepto budista del yo es un proceso. Es algo que creamos de continuo. Es una construcción que nos separa del universo. Es la fuente del egoísmo, la insensibilidad y fuente del mal cuando ignoramos nuestra conexión con todo lo existente. La práctica de la meditación vipassana tiende a deshacer esa ilusión y permite actuar usando o no ese yo según sea necesario y no compulsivamente.

- **Yoga:** Se denomina al conjunto de disciplinas y prácticas de tipo físico y mental cuyo objetivo es lograr el equilibrio entre cuerpo y mente, como camino para alcanzar la iluminación y la unión con el cosmos o lo Absoluto. La palabra proviene del sánscrito "yoga", que significa 'unión', 'esfuerzo'.

REFERENCIAS

[1] Goleman, Daniel; Emotional inteligence,1985 p.18

[2] Goleman, Daniel, op. cit., p19

[3] Harris, Judith R, El mito de la educación, 1992

[4] Pinker, Steven, La tabla rasa, 2003, cap. 19, pp.48-49

[5] Puig, Mario Alonso; Vivir es un asunto urgente, 2008, cap. 2

[6] Brown Elizabeth, Mindfulness Meditation: A mental workout to benefit the brain. http://sitn.hms.harvard.edu/flash/2013/mindfulness-meditation-a-mental-workout-to-benefit-the-brain/

[7] Brown, Elizabeth; Loc. cit.

[8] Schatz, Carolyn (2011, April 08). Mindfulness meditation improves connections in the brain. Harvard Health Blog. Harvard Health Publications. Harvard Medical School. Retrieved March 24, 2013, from <<a href="http://www.health.harvard.edu/blog/mindfulness-meditation-improves-connections-in-the-brain-201104082253">http://www.health.harvard.edu/blog/mindfulness-meditation-improves-connections-in-the-brain-201104082253>

[9] Mindfulness Meditation Linked with Positive Brain Changes Study Suggests (2012, June 16). Huffpost Healthy Living. Huffington Post.

[10] Orenstein, David (2013, February 13). A neural basis for benefits of meditation. News and Events. Brown University. Retrieved March 24, 2013, from <<a href="http://news.brown.edu/pressreleases/2013/02/mindfulness/"

[11] Brown, Elizabeth; Loc. cit.

[12] In the journals: Mindfulness meditation practice changes the brain (2011, April) Harvard Women's Health Watch. Harvard Health Publications. Harvard Medical School. Retrieved March 24, 2013, from <http://www.health.harvard.edu/newsletters/Harvard_Womens_Health_Watch/2011/April/mindfulness-meditation-practice-changes-the-brain>

[13] http://sitn.hms.harvard.edu/flash/2009/issue61/

[14] Can Mindfulness Meditation Make You Smarter? (2012, June 18). The Crux. Discover. Retrieved March 24, 2013 from <<a href="http://blogs.discovermagazine.com/crux/2012/06/18/can-mindfulness-meditation-make-you-smarter/#.UUc-aTfxdGQ">http://blogs.discovermagazine.com/crux/2012/06/18/can-mindfulness-meditation-make-you-smarter/#.UUc-aTfxdGQ>

[15] Black, Harvey (2012, November/December). Meditate That Cold Away. Scientific American Mind. 24:18.

[16] Fuente: The Harvard Gazette.

[17] Gunaratana, Bhante Henepola, El libro del mindfulness, Ed. Kairós, 2012, pp.22-32.

[18] Gunaratana, B. H., op. cit., p.36

[19] Goleman, Daniel, Focus, cap 1

[20] E. Ophir et al., "Cognitive Control in Multi-taskers", Proceedings of the National Academy of Sciences 106:37 (2009): 15583-87) cit. en D. Goleman, R. Davidson, Rasgos Alterados(spanish edition)2018,cap. 7 2384

[21]Goleman D., Davidson, R. Rasgos Alterados, (spanish edition) 2018, cap. 7, 2486

[22] Gunaratana, B. H.: op. cit., cap. 5

[23] Hawkeye, Timber; Campo de entrenamiento budista, 2017, cap. 50

[24] *Como fijar la mente,* Traducido y adaptado de Joy on demand, por Chade-Meng Tan, HarperCollins Pub., 2016.

[25] Hanh, Thich Nhat; Sea libre donde esté, 2001, p. 39

[26] Hanh, Thich Nhat; La paz está en cada paso, Ed Cuatro vientos, 2000p.49

[27] Gunaratana, B.H; Óp. Cit., p.150

[28] Ricard, Matthieu; El arte de la meditación, Ed Urano, 2009, cap. 2

[29] Hanh, Thich Nhat; Sea libre donde esté, 2001, Cap. Cultivar la libertad,

[30] Dalai Lama y Cutler, Howard C.; El arte de la felicidad, DEBOLSILLO, 2014, cap. 7

[31] Goleman, Daniel y Davidson, Richard; Estados alterados: La ciencia revela como la meditación transforma la mente; el cerebro y el cuerpo (Spanish edition), cap. 6, 2018

[32] Dalai Lama XIV y Cutler, Howard C.; El arte de la felicidad,1998, p. 89

[33] Gunaratana, B. H; op. cit., pp103-106

[34] Ricard, Matthieu; En defensa de la Felicidad, cap. 5,2003

[35] Goleman, Daniel. Rasgos alterados (Spanish Edition) (Posición en Kindle4604-4629). Penguin Random House Grupo Editorial Argentina. Edición de Kindle.

[36] Hart, William; El arte de vivir, como lo enseña S.N. Goenka, p. 139, 2009, Vipassana research institute, 1ra ed. Argentina.

[37] Hart, William; op. cit. p. 144